Un dimanche à Auschwitz

Collection *Monde en cours*
créée par Jean Viard

Ouvrage publié avec le concours du Collège Sévigné

Collège Sévigné
fondé en 1880

www.editionsdelaube.com

ISBN 978-2-8159-6252-0

Yaël Uzan-Holveck
Laurent Wajnberg

Un dimanche à Auschwitz

éditions de l'aube

Préambule

Laurent

J'avais cherché avec effarement le nom d'Auschwitz, *Oswiecim* en polonais, sur des cartes de l'Europe d'aujourd'hui. Depuis longtemps, je voulais y aller, pour « voir ».

Yaël

Jamais je n'aurais conçu l'idée même d'y aller un jour, n'étaient les rebonds d'une histoire familiale bousculée. Ce 18 mars 2001, agrippée à ma liberté d'appréhender ce lieu à ma façon, j'étais pourtant à Auschwitz.

Laurent

Dans la journée, j'avais croisé à plusieurs reprises le regard aiguisé d'une jeune femme.

Yaël

Dans l'autobus entre l'aéroport de Cracovie et Auschwitz, j'avais repéré un photographe au long cou, dégingandé et discret… Et lui, où regardait-il ? Comment ? Quoi ?

Laurent

Dans ma quête des échos du passé, décontenancé, je me cognais aux vivants. À mon corps défendant, c'était le présent que je photographiais.

Yaël

Traversée d'une vitalité inattendue, je marchais à côté d'inconnus, juifs et non juifs, des mots à fleur de lèvres, des bribes d'histoires et d'interrogations à partager… Ce voyage venait ponctuer en un endroit crucial la vie de chacun dans une proximité acceptée avec la présence de la mort.

Laurent

« Je voudrais mettre des mots sur tes photos », m'a dit Yaël au retour. Elle m'entraînait au-delà de mon questionnement sur l'impossible regard, en quête de ce que d'autres avaient vécu ce jour-là. L'idée du livre était née.

Yaël

Dès septembre, nous commencions les entretiens. Semaine après semaine, vingt rencontres, à Paris ou en province, et notre surprise renouvelée devant ce besoin de se raconter à nous, sans limite. J'étais saisie. Quel lien établir entre tant de perceptions singulières et à vif ?

Laurent

Pour étoffer le travail photographique entamé le 18 mars, je suis retourné là-bas, cinq jours, seul, en plein mois d'août, au milieu des touristes…

Yaël

C'est chemin faisant que j'ai songé à choisir des fragments d'interviews et à orchestrer ces paroles, jusqu'à faire surgir des conversations intimes entre mots et photos. Je tenais le fil d'une mémoire qui circulait entre ces voyageurs d'un jour. Je ciselais les phrases, obsédée par leur justesse, leur rythme, leur sonorité, Laurent m'accompagnant dans ce voyage d'écriture.

Yaël et Laurent

Et au bout de cet improbable parcours, notre interrogation encore… entre rejet, lassitude ou sacralisation, n'y aurait-il pas place pour une parole vivante à Auschwitz ?

Vingt voix pour un voyage

Le dimanche 18 mars 2001, cent cinquante personnes, dont nous faisions partie sans nous connaître, prenaient l'avion pour Cracovie, au sud de la Pologne. Destinations Auschwitz 1 et Auschwitz 2-Birkenau, distants de trois kilomètres, aller-retour dans la journée, avec l'Amicale des Anciens Déportés d'Auschwitz. Peu après, l'Amicale a transmis à tous les participants notre proposition d'interview.
Vingt personnes ont répondu, que nous avons rencontrées une à une entre septembre et décembre 2001. À partir d'un questionnement sur le regard et tout en déroulant le cours de cette journée étape par étape, ces entretiens nous entraînaient dans des voyages intérieurs. Nous clôturions la rencontre en leur montrant les photographies. Les « conversations » qui suivent ont été créées à partir de fragments de ces entretiens.

José, vétérinaire, la quarantaine. Ses deux grands-pères, juifs, sont morts en déportation, l'un à Auschwitz, l'autre à Sobibor. Ce n'est que depuis quelques années qu'il a redécouvert cette page de son histoire familiale, faisant le voyage à Auschwitz un an après ses parents.

Maurice, ancien déporté, revenu d'Auschwitz à l'âge de quinze ans, a mené ensuite une carrière d'universitaire. Depuis qu'il est retraité, il consacre son temps et son énergie à la mémoire de la déportation.

Madeleine, psychothérapeute, Suisse d'origine, ayant vécu aux États-Unis puis en France, est venue à Auschwitz pour accompagner Jean-Pierre, un ami proche.

Renée, déportée à dix-sept ans avec ses proches, n'en est revenue qu'avec sa sœur. Elle a fondé une famille, mais depuis qu'elle s'est mise au service de l'Amicale des Anciens Déportés d'Auschwitz, en 1994, elle s'investit dans le témoignage, d'écoles en lycées, et accompagne chaque année des groupes à Auschwitz.

Simon était dans la Résistance pendant la guerre. Son père et sa mère ont été arrêtés en tant que juifs, mais son jeune frère a pu être caché. À quatre-vingt ans, il s'est décidé à se rendre sur le lieu où sont morts ses parents.

Daniel, ancien entraîneur et joueur de l'équipe de rugby de Toulon, est venu à Auschwitz pour y poursuivre sa quête de « citoyen du monde ».

Jean-Pierre, la cinquantaine, juif ashkénaze, a perdu ses grands-parents maternels à Auschwitz. Ce voyage était pour lui une façon de s'interroger sur ses racines et sur la filiation.

Jean-Michel L., la cinquantaine, travaille depuis quelques années, comme éditeur et auteur, sur l'enseignement de la Shoah. Il est expert sur cette question pour le Conseil de l'Europe.

Sophie, la trentaine, accompagnait un peu malgré elle son père, juif d'Algérie. Elle a écrit pour elle-même un long texte à son retour, et a accepté de nous l'envoyer. Ses mots sont les seuls à ne pas avoir été dits, mais écrits.

En 2000 mourait Raymond, catholique des Vosges déporté pour Résistance. L'année suivante, sa famille décidait de faire le voyage d'Auschwitz : **Claire**, quatre-vingt ans, sa femme ; sa fille, **Francine** ; la fille de Francine, **Stella**, n'a pu venir à Auschwitz, mais a accepté d'être interviewée, pour que la chaîne de la transmission soit complète ; **Alicia**, quatorze ans, fille de Stella.

Hélène, retraitée, a pu se cacher avec ses parents pendant la guerre, mais son frère et toute sa famille, juifs restés en Pologne, ont été tués par les nazis.

Patricia, trente-cinq ans environ, est la fille tardive d'un rescapé juif.

Yannick, trente-deux ans, n'a pas de lien familial avec Auschwitz ni avec le judaïsme. Malvoyant, il est venu seul à ce voyage.

Alain, cinquante ans, s'est pris d'un intérêt aigu pour l'histoire du nazisme et de ses crimes.

Marguerite est venue à Auschwitz avec sa fille, **Yaël** (auteure de cet ouvrage), son frère, **Samuel**, et le fils de celui-ci. En 1996, dans les combles de la synagogue de Vichy, fut retrouvée la correspondance d'Esthéra Fogielman, leur mère (et grand-mère), juive, rédigée avec ténacité entre 1942 et 1944 pour demander de l'aide à différentes instances. Grâce à cela, trois de ses fils et une fille ont été cachés et élevés en maisons d'enfants, dont Marguerite et Samuel, qui ont environ soixante ans aujourd'hui. Quatre autres ont été déportés et assassinés à Auschwitz avec leur mère.

Jean-Michel V., trente-cinq ans, prépare une thèse d'Histoire sur la Shoah. Son voyage à Auschwitz s'inscrivait dans une démarche maçonnique.

Au début, c'était juste pour…

Sophie
Au début, c'était juste pour être avec le pater. J'aurais préféré que le lieu de la réconciliation soit Disneyland, mais va pour Auschwitz. Jamais je n'aurais voulu y aller, ni en 39-45, ni aujourd'hui. Ce goût macabre pour la mort m'écœure.

Daniel
Un jour, j'appelle : « Auschwitz, je veux y aller, comment je fais ? » Ils me disent : « Dans un mois il y a… » – gardons un peu d'humour, j'allais dire : il y a un wagon qui part – chacun aura compris que c'était un avion. J'ai dit : « J'enquille ! »

Patricia
Tu remontes tes manches et tu te dis : « Maintenant, il faut y aller, viens ! » C'était un truc entre moi, Auschwitz et papa, un truc entre nous trois. Le groupe, je ne le vois pas. J'ai envie de lui dire « merci », comme un train pourrait dire « merci » aux rails.

Simon
Quand je suis arrivé à Auschwitz, je me suis vu descendre du train avec mes parents ! Et ce sentiment que j'aurais dû être avec eux, que c'était là ma place…

Marguerite
Pour nous aujourd'hui, ce n'est rien, tout est fini, on y va après… Ce voyage, j'ai l'impression de l'avoir fait trop facilement ! Il faudra que je le refasse, en train… même si c'est un peu vain. Ma mère est partie par Drancy, avec mon frère et mes trois sœurs, on n'a jamais su si elle était arrivée. Une tante nous a dit qu'elle était morte dans le train, mais je ne sais pas qui le lui avait dit. … Peut-être par le train réussirai-je à imaginer une miette de ce qu'ils ont vécu ?

Maurice
En 1950, on y est allés en train, il n'y avait pas d'avion à ce moment-là. L'Amicale avait organisé le premier pèlerinage en pleine guerre froide. Cela avait été long, je crois me souvenir que nous avons passé la nuit sur des banquettes en bois, en troisième classe !

Madeleine
En général, ce genre de voyage, on n'y pense même pas. Nouvelles Frontières ne le propose pas ! Mais on ne peut pas le faire seul. Peut-être faudrait-il créer une agence de voyage commémoratifs, pour le grand public ?

Aucune image

Madeleine

L'autoroute vide… on arrive à l'aéroport, là on voit des gens assis, assez graves, des lumières un peu glauques… D'habitude Jean-Pierre se moque de mon accent suisse… Ce matin-là, on ne riait pas.

Jean-Michel L.

J'avais été à Auschwitz un mois avant, avec un groupe d'élèves. Physiquement, je revenais là d'où les gens ne revenaient pas. Le fait de retrouver… c'est presque comme une trahison… *(un silence)*

Patricia

Je ne m'en faisais strictement aucune image, même la veille. C'est en lisant ce dépliant dans l'avion, donné par l'Amicale d'Auschwitz, qu'il y a eu… oh, c'est horrible… comme une espèce de reconnaissance…

José

Ça a commencé par mes parents, qui ont jugé utile de s'inscrire au voyage organisé par l'Amicale des Déportés d'Auschwitz; et je me suis dit que moi aussi, ce serait bien d'y aller l'année suivante, pour essayer de comprendre. Comprendre à quoi ont pensé mes deux grands-pères quand ils étaient à Drancy, puis dans le train, et quand ils sont arrivés là-bas. Je ne le saurai jamais…

Francine

Je savais que ce que mon père nous avait dit, on le verrait. C'était l'attente. Une attente très sereine. J'y allais pour lui, pour aller même au-delà de lui.

Marguerite

J'ai voulu faire ce voyage avec Yaël. Mon frère aîné m'a téléphoné précisément alors que j'étais en train de me décider. J'ai hésité à lui en parler. Il m'a dit: « Il n'en est pas question ! » Puis dans la même conversation: « Attends, je vais réfléchir » et encore quelques minutes après: « Bon, je viens. »

— *Et vos autres frères ?*

— L'un m'a reproché de ne pas le lui avoir dit, mais il ne serait pas venu. Avec le dernier, j'ai peu de contacts.

— *Votre mari n'est pas venu ?*

— Si je refais ce voyage, il viendra avec moi. Sans lui, j'y aurais été plus tôt.

AUSCHWITZ

La queue pour embarquer

Sophie

Dans l'avion, ils nous ont dit de ne pas garder les sandwichs à cause de la fièvre aphteuse. J'avais les boules pour les sandwichs de maman qui s'était donné tant de mal à les préparer. Alors je me suis goinfrée tout ce que j'ai pu, pour ne pas gâcher.

Daniel

La queue pour embarquer, j'ai trouvé ça « original ». On nous donnait des tickets rouges ou verts pour aller dans tel ou tel car, on parlait de « ravitaillement », « Vous aurez des sandwichs », nous disait-on… On était tous habillés de gris, c'était l'hiver. Il n'y avait qu'une personne pour nous enregistrer. Tout ça me branchait sur des caricatures de la mémoire : la douleur, la queue, l'attente, pas de bouffe, le martèlement de l'ordre d'une pseudo-discipline.

Patricia

J'avais un voisin… Ah là là ! À un moment, il me dit : « C'est la première fois que vous allez en Pologne ?

— Oui.

— … Et à Auschwitz ?

— Oui…

— Moi, j'y retournerais bien, il paraît que le musée de Cracovie est très joli… »

José

On serait partis au Club Med, on aurait eu exactement la même discussion ! Comme disait un de mes amis : « On rigole maintenant, il sera toujours temps de pleurer plus tard. »

Claire

Et puis en montant dans l'avion, on a tous eu le même regard, un regard qui cherchait.

Alicia

Je n'ai pas beaucoup parlé… Je réfléchissais à ce que j'allais voir, à mon arrière-grand-père, à ce que pensaient mon arrière-grand-mère, ma grand-mère.

Daniel

Durant une vie entière, je me suis préparé comme un fou : manger le matin du match, prendre un bus pour aller au stade, rentrer dans un sas, puis dans les vestiaires, puis dans une arène… Ce n'est pas une analogie recevable, mais enfin… on approchait des lieux de la plaie. *(Il gronde)*

La brume dans notre cerveau

José

J'ai senti de la part de mes copains une certaine hostilité… On arrivait en Pologne ! Je réalisais que ce n'était plus un voyage comme les autres.

Claire

La brume, le pays froid, le ciel bas… Tout contribuait à rendre cette journée-là exceptionnelle. Il n'y avait pas eu un rayon de soleil. Ou alors la brume était dans notre cerveau…

Jean-Pierre

C'est comme ça que je m'imaginais la Pologne ! On comprend, dans un tel pays, comment on a pu installer le communisme. Il y a tellement peu d'espoir…

Madeleine

Je regardais par la fenêtre, ça avait l'air un peu triste. C'était un pays plus normal que je ne pensais. Les gens avaient l'air de vivre d'une manière très correcte, dans leurs petites maisons, avec leurs petits jardins… C'était un dimanche matin comme un autre, à neuf heures, un jour de pluie.

Daniel

Il m'est venu une bouffée dévastatrice quand on m'a dit que des mecs ont vu des minots, sur la route au passage du car, des jeunes adolescents polonais faire le salut hitlérien. Je serais descendu, je les aurais pourfendus à coups de pompe ! Même de me battre, d'ailleurs, ça m'aurait fait du bien ! Mais ce n'était qu'une petite fulgurance intellectuelle…

Marguerite

J'attendais le camp, je prêtais peu d'attention à ce qui se passait à l'extérieur du car. Plus on approche, plus ça palpite, plus on appréhende.

Sophie

Nos quatre cars garés gentiment devant la grille, on est entrés en troupeau, appareils photo à la main, en bons gros touristes derrière notre gentil guide.

Patricia

Il y a un côté « Parthénon », qui me débecte. Auschwitz, pour moi, c'est comme un sanctuaire. Je suis parfaitement consciente qu'il faut des cars, mais… mmm… Si j'avais pu en sortir et marcher toute seule, faire le trajet à pied… il fallait que je renifle…

OSWIĘCIM

Faut pas aller là-bas… c'est pour les vieux !

Francine

Ma petite-fille m'a dit : « Je veux aller avec toi, mamie ! » Je suis restée interloquée. Pour mon mari, c'était quelque chose de mortifère. Elle lui a dit : « C'est moi que ça concerne. »

Stella

J'ai hésité. Mais elle a insisté. J'ai pensé que si elle insistait autant, il fallait la laisser faire. À part une de mes amies, juive, autour de moi les gens n'ont pas compris quand j'ai parlé du voyage d'Alicia. Au collège, ils trouvaient que c'était indécent, qu'elle était trop jeune, et on lui a reproché de manquer les cours. Son professeur d'histoire ne lui a posé aucune question.

Alicia

Les deux ou trois copines que j'avais prévenues de mon départ me disaient : « T'es folle, faut pas aller là-bas, c'est pas pour des enfants de notre âge, c'est pour les vieux, pour ceux qui l'ont vécu ! » Je n'en ai plus parlé avec elles. On ne peut pas en parler entre adolescents.

Jean-Michel L.

J'ai entendu un enseignant expliquer : « Je leur passe *Nuit et Brouillard* en quatrième. Ça marche, ils pleurent. » Je trouve ça insupportable ! on n'a rien appris avec ça. Il faut aller à Auschwitz, mais pas pour se mortifier. Ce n'est pas une souffrance à infliger gratuitement à des jeunes. Il faut savoir la canaliser, ne pas en jouer.

Alicia

Il fallait que je me dise qu'il n'y avait pas que moi et ma petite vie. En voyant ce camp, je me suis dit : « Ma pauvre Alicia, t'es loin du compte ! »

Patricia

Tu arrives, tu vois la pancarte… ça existe, c'était il y a cinquante ans, mais ça s'est vraiment passé ! C'est aussi abracadabrant pour mon cerveau à conceptualiser que quand on me parlait en cours de maths de « l'infini »…

AUSCHWITZ
CENTRUM

Dans un état de fantasme

Jean-Michel V.
Le fait d'y être…

Simon
…comme disent les gosses, « pour de vrai »…

Maurice
Sur l'inscription ARBEIT MACHT FREI [Le travail rend libre], regardez le « B », le petit côté est en bas ! Le déporté, en mettant le « b » à l'envers, a-t-il marqué un acte de résistance ?

Daniel
Ils sont tous passés dessous, là où je marche… Si j'avais pu me mettre pieds nus… C'était presque… *(il souffle)* pour ne rien perdre de la vibration tellurique… Que dit le silence, là ? qui le capte ? où y a-t-il de la mémoire ?

Francine
L'image que j'avais, c'était la grille ARBEIT MACHT FREI. Mais les maisons en brique, en descendant du car, il ne m'avait pas parlé de ça.

José
On ne voit rien, on imagine tout ! Je n'ai pas eu besoin de voir les chiens entre les rangées de barbelés pour les imaginer…

Hélène
Je ne peux même pas le croire aujourd'hui, alors que je l'ai vu de mes propres yeux.

Alain
C'était étrange… J'étais dans un état de fantasme, j'essayais de recréer des images que j'avais construites à travers des conversations, des exposés d'anciens déportés, des revues, des photos, des films. *(il ferme les yeux. Un long silence)*

À Alicia — *Ta première image du camp ?*
— Les barbelés. Et les poteaux, comme dans *La vie est belle*. Je me suis dit : « Ça y est, on y est ! Je suis dans mon histoire ! » Il y avait ma famille avec moi. J'étais concentrée sur ce que j'allais voir, et non plus sur ma peur. Tout s'est remis en place.

Daniel
Ma première image du camp ? À l'entrée du parking, il y avait un poste pour les gardiens. À côté d'eux, j'ai vu une meuf, qui mesurait deux mètres et pesait cent cinquante kilos, et qui était… j'allais dire, une kapo ! Il faisait froid. J'ai demandé : « Je peux faire une photo avec vous ? » Elle était contente et m'a pris par l'épaule… Elle n'a pas compris que je la percevais comme une kapo – elle a bien fait d'ailleurs ! *(rires)*

« Arbeit macht frei »

A-t-on le droit de…

Sophie

A-t-on le droit de photographier « ça »? C'est Laurent qui a ouvert le feu; il avait demandé au chef du groupe, comme si une autorisation s'imposait. Moi j'étais partie pour en prendre. Une façon de sortir les images de ma tête.

Patricia

Un appareil photo? Je n'y ai même pas pensé. J'aurais trouvé ça… obscène. Dans mon sac, j'ai mis de la bouffe et des trucs chauds, mais cela aussi me semblait obscène. Tout ce qui pouvait faire écran entre Auschwitz et moi me semblait déplacé, le car, le groupe…

Jean-Pierre

En dehors de moi, pas en contact avec l'émotion… Cette émotion que j'avais enterrée depuis cinqtante-trois ans… Je regardais en décalé, pas avec mes yeux.

Sophie

J'avais dit que je ferais une photo du pater et de mon frère devant les fours. Je trouvais ça drôle. J'attends dehors qu'ils sortent. Je prends ma photo. J'ai honte.

Hélène

Prendre des photos de quoi? de baraques? de l'endroit où… C'est tellement triste! Peut-être, si j'avais eu mon appareil… Mais c'est comme quand vous allez au cimetière, vous n'allez pas emmener un appareil, vous n'y pensez pas.

Jean-Pierre

Pour moi, c'était évident que j'allais en faire. En annonçant à ma mère que j'avais envie d'aller à Auschwitz, elle m'avait dit: « J'aurais voulu y aller, mais je ne préfère pas » – elle a soixante-dix-huit ans. Ce voyage, c'était indispensable de lui en ramener quelque chose.

Madeleine

Au retour, c'était irréel. J'avais une réunion de travail, J'ai dit: « Hier, j'étais à Auschwitz. » Ils ne m'ont pas crue! j'aurais pu leur dire: « J'étais sur la lune… » Après, j'ai eu les photos, c'était plus facile. La plupart m'ont dit: « Quel courage tu as eu! »

Kodak
FUN GOLD
SUPER FLASH
Kodak
ADVANTIX
ULTRA 200
Kodak
GOLD
Statliga
Museet i Oświęcim
Auschwitz
Birkenau
SVENSK GUIDE
アウシュヴィッツ
ビルケナウ

Auschwitz
Auschwitz

Comme un cri sinistre

À Yannick : *— Y avait-il des sons particuliers ?*
— À Birkenau, le passage d'une autoroute. Il aurait mieux valu faire la visite en plein mois de janvier. Là, on se serait vraiment rendu compte de ce qu'ils avaient vécu. Il y avait aussi le chant des oiseaux. Pendant la guerre, évidemment, on ne les entendait pas. *(Il soupire)* Ils nous l'ont même dit : « Ils sont revenus sur les arbres vingt ans après. »
— *Ce sont les rescapés qui vous ont dit ça ?*
— Oui. Et je l'ai aussi lu. Ils ont été chassés.
— *Chassés ?*
— Par la fumée. *(il soupire)*

Hélène
C'était le silence absolu, rien, comme si c'était la fin du monde…

À Patricia : *— Il y avait des arbres ?*
— Oui… euh… Il n'y avait pas d'arbres, pas d'oiseaux… je ne sais plus… Je revois les briques, l'herbe… et des branches mortes – peut-être pas… Mais si ! Il y avait des arbres immenses partout ! Oui ! C'est bien ça, non ? Tout était tellement uniforme ! L'uniformité dans la désolation… à se taper la tête contre les murs…

Sophie
Je vais à une fenêtre, je l'ouvre, je regarde dehors. Il y a d'autres baraques, alors je regarde le ciel. Il y a des oiseaux tout moches, gris avec un calot noir sur la tête. Élevés aux vapeurs des corps calcinés. On dirait des incarnations d'Hitler. Ils font un bruit, comme un cri sinistre.

Daniel, en regardant la photo
Je vois cet arbre, je me dis : « Oh putain ! On lui a vidé le cœur, à lui aussi ! pour sûr il y était, ce gros arbre devant le four, il est témoin. » Je le prends, je suis allé le serrer pour qu'il me dise…

Maurice
Il y avait déjà des arbres à l'époque, dans la rue principale et à l'entrée. Je n'ai su qu'après la guerre, bien sûr, que c'était une ancienne caserne. Je me souviens aussi qu'il y avait des fleurs à l'extérieur. C'était fait exprès pour les visites…

Madeleine
C'était trop propre, trop en ordre ! C'était presque suisse ! Oui, c'était suisse !

José
… Ça m'a rappelé l'École vétérinaire.

Son bâton de pèlerin

Hélène

Comment avait-il fait pour survivre à tout ça? Quelquefois je me demande : « Pourquoi suis-je restée vivante, moi? Je n'ai rien fait pour ça... s'il y a un Dieu... pourquoi?... »

Maurice

Là-bas, je m'étais interdit de penser! Pourquoi étais-je là, à quoi servait cette énorme machine? Pour moi, gosse déboussolé, cette absurdité était une souffrance terrible... Jusqu'à aujourd'hui, j'ai passé mon temps à essayer de comprendre. Je vis par la lutte pour la mémoire. Je vis pour ça. J'y éprouve une satisfaction qui justifie mon sursis... bientôt soixante ans de vie en plus que ceux qui sont morts là-bas.

Renée

J'ai deux familles, ma famille de sang et ma famille de cœur, la déportation. Quand ma fille est venue visiter le lieu avec moi qui accompagnais le groupe, elle m'a dit : « Tu n'es pas avec moi! »

Sophie

Je repère un des anciens déportés. Il a un sac à dos marqué SOLEIL LEVANT en rouge sur fond noir. J'aime son regard de cocker. Les yeux presque mi-clos de trop d'horreur, avec des petites larmes au coin, comme intégrées. Il a l'air gentil, revenu de tout. Il me dit que lui aussi, après avoir quitté ce camp, il aurait voulu tout raser, tuer tous les nazis, leurs femmes et leurs enfants, et leur faire ce qu'ils leur avaient fait. Et puis c'est passé. Après, il y a eu les négationnistes, ceux du « détail de l'histoire ». Alors, il est revenu, il a pris son bâton de pèlerin et il a raconté. Au début, il a pleuré. Maintenant, voilà trente fois qu'il accompagne des groupes pour leur raconter cette histoire. Je lui demande si après « ça », il a pu être heureux. Il me répond qu'il s'est marié en 1963 (ma date de naissance), tardivement. Il fait une moue.

Maurice

C'est anormal que je sois vivant. Ce n'est pas que j'aie un complexe du survivant, je n'ai pas volé la nourriture de qui que ce soit. Certains déportés disent : « J'avais envie de vivre. » Mais ceux qui sont morts avaient aussi envie de vivre!

Natychmiast po opuszczeniu pociągu Żydzi musieli ustawić się w dwóch kolumnach: osobno kobiety i dzieci, osobno mężczyźni. Następnie lekarze i pielęgniarze SS przeprowadzali na rampie selekcję, oddzielając silnych i zdrowych od starców, chorych i dzieci. Ci, których uznano za zdolnych do pracy umieszczani byli w obozie. Pozostali,
Immediately after getting off the train, the Jews were ordered to line up into two columns, one of women and children and the other of men. Each column was subjected to 'selections' by SS doctors and medical orderlies, there and then on the ramp: the strong and the healthy were separated from the
מיד לאחר הירידה מהקרונות נצטוו היהודים להסתדר בשני טורים: אחד של נשים וילדים, ואחר של גברים. כל טור עבר מיון ("סלקציה") של רופאי ס"ס ועוזריהם. החזקים והבריאים

Comme ça, tu comprendras…

Claire
Mon mari n'était pas un athlète ! Il était fort moralement, mais pas physiquement. Pendant l'évacuation, il a été amené sur les routes et a fait la marche à pied jusqu'à Grossrosen, dans la neige. Il a eu la vie sauve grâce à un homme qui l'a porté des kilomètres sur ses épaules… Mon mari disait toujours : « On aurait dit un géant ! »

Alicia
Un jour mon arrière-grand-père m'avait dit : « Moi et ma guerre, j'en sortirai jamais ! » À sa mort je me suis dit qu'il était bien maintenant.

Claire
Je disais souvent : « Raymond, je veux connaître Auschwitz. » Il ne voulait pas, il me répondait : « Je mourrais, et il faut que je vive encore. » Il m'a donné toutes les indications pour aller directement là où il est resté trois mois. Aussitôt après sa mort…

Francine
… j'ai dit à ma mère : « Maman, on part à Auschwitz… »

Claire
« … On va faire ce que papa n'a jamais voulu faire. »

Francine
Tous les ans, quand il voyait les dates du voyage à Auschwitz dans le *Journal des déportés*, il me le signalait. C'était une façon de me dire : « Il faudra que tu ailles voir », comme pour dire : « Comme ça, tu comprendras… »

Sophie
Je revois le regard de cet homme. Il avait les yeux clairs, bleus, cerclés de rouge, toujours à fleur de peau, l'émotion déformait son visage. Chaque fois, j'avais le sentiment qu'il s'effondrait un peu plus, que de ce voyage il ne sortirait pas indemne.

Daniel, *en regardant la photo*
Il m'est arrivé de me sentir comme ça, de me dire : « Oh, je me voûte ! » Ça me chargeait un peu l'épaule.

Comment j'aurais vécu ça ?

Maurice, *en regardant la photo*

On a l'impression que c'est la seule chambre à gaz… Il faudra une note, « la petite chambre à gaz du camp n° 1 ». Elle a très peu fonctionné, elle correspondait aux besoins du tout début.

Jean-Michel V.

Quand on sait ce qui s'y est passé, et qu'on se retrouve au contact de ces murs de pierre avec tous ces cadavres, c'est comme si ça éclatait. On passe à côté de la mort, et pire encore, on passe dans la mort. Des larmes coulent… on a la tête comme dans du coton…

— *Quelle image aviez-vous de la mort ?*

— Un monceau de cadavres… *(un silence)*

— *Mais personne dans votre famille ?*

— Euh… non. Mais dans un séminaire, on a eu une conférence sur le programme d'extermination des handicapés. Et je suis handicapé. Je m'imaginais à cette place… dans la foule énorme…

Yannick

J'ai failli mourir. Il y a eu des deuils dans ma famille, et moi-même, j'ai…

— *Et c'est très présent en vous pendant la visite ?*

— *(dans un murmure)* Oui.

Jean-Michel V.

Pendant tout le voyage, j'allais droit devant moi, comme dans un tunnel.

Madeleine

Toujours à me dire : « Qu'est-ce que j'aurais fait si j'avais été prise là ? Comment j'aurais vécu ça si j'avais été allemande ? Serais-je devenue kapo ? »

Jean-Michel L.

Beaucoup d'homosexuels ont été déportés. J'ai vécu à une période où l'homosexualité était un délit, et pouvait donc me mener en prison. C'est donc en tant que ce que je suis que j'ai eu la pensée que j'aurais pu y être… J'ai lu des récits sur le sort des homosexuels. Je ne sais pas comment j'aurais vécu. On ne peut pas savoir si on aurait été courageux, lâche ou salaud. Je crois que personne ne peut le dire.

Pas facile

Sophie

Le guide plante son regard clair dans les yeux des gens du groupe. Il appuie ses mots à l'accent exotique. Il répète certaines phrases. Il dit que le médecin à la descente du train décide d'un geste du doigt la vie ou la mort. Il me regarde.

Patricia

J'écoutais. Je lui ai posé des questions, son âge, ses études, depuis combien de temps il était guide… Je voulais savoir. C'était un Polonais né à quelques kilomètres d'Auschwitz…

Simon

J'ai demandé comment les Polonais qu'on avait expulsés de leurs terrains pour construire Birkenau avaient réagi. Il l'a très mal pris.

Claire

Je lui ai dit : « Il y avait un hôpital à Birkenau. » Il m'a à peine écoutée. J'ai insisté : « Monsieur, ce n'était pas un véritable hôpital mais un baraquement plus important, où mon mari a passé les deux derniers mois. » Il m'a dit : « Non. » Ça m'a choquée. Je me suis tue. À quoi bon répliquer ? Je ne pouvais pas le prouver.

Jean-Michel L.

J'écoutais chacun des mots de la guide. Sont-ils tous aussi remarquables sur le plan historique ? Ils ont tous fait un stage à Yad Vashem, à Jérusalem – ce qui pour moi n'est pas forcément la meilleure référence, mais c'est un apport énorme.

José

Plus de six mois après, je me rends compte que je n'en ai rien retenu ! Rien du tout !

— *Ça ne vous intéressait pas ?*

— Si. Mais c'est comme visiter les châteaux de la Loire, on vous dit : « François 1er a dormi là », bon… « Et n'oubliez pas le guide à la sortie. » Si je relis des livres là-dessus, maintenant, je m'en souviendrai. … Ce qui aurait été intéressant, c'est de faire la visite avec un ancien nazi, si tant est qu'il y en ait…

schott

La confusion

Hélène, *en regardant la photo*

Ce drapeau israélien, c'est très bien.

— *Pourquoi ?*

— Parce que… c'est quand même nous ! Israël, c'est nous !

— *Et la présence des catholiques ?*

— C'est bien qu'ils soient là. Je ne suis pas sectaire. J'ai été élevée en France, « Liberté-Égalité-Fraternité ».

Maurice

Auschwitz appartient à l'humanité et pas à Israël, ils n'ont pas de droit sur Auschwitz. Ils s'approprient Auschwitz, avec Yad Vashem par exemple… Ils le réduisent considérablement, et lui enlèvent sa signification mondiale et historique pour en faire une affaire presque religieuse, de tradition nationale, nationaliste… Et je trouve ça faux, et dangereux pour Israël même. Israël n'a qu'à être debout sur ses pieds, Israël c'est Israël, et Auschwitz c'est Auschwitz, même s'il y a eu pas mal de déportés qui se sont installés en Israël… Il ne faut pas confondre les juifs et les Israéliens ! Moi, je me sens citoyen français, citoyen français d'origine juive, et pas responsable de ce que fait le gouvernement israélien ! Pas plus que le gouvernement péruvien ! Je ne suis jamais allé en Israël, je n'ai pas envie d'y aller, j'irai quand il n'y aura plus de gens opprimés, de casques, de bombes, d'attentats… Mes parents avaient un tronc où on mettait de l'argent pour la Palestine, j'ai été élevé dans une famille ashkénaze typique, j'ai fait ma bar-mitsva sous l'Occupation à Paris. Ça, c'est une chose, mais cet Israël-là, ce n'est pas l'Israël dont ils avaient rêvé. Alors j'attendrai. Ou je n'irai pas, je m'en passerai.

Jean-Michel L.

Je suis aussi choqué par ça que par les cathos. La confusion entre le judaïsme et Israël est probablement la chose la plus dangereuse et la plus nocive qui soit, pour tout le monde. Mais il y a des choses, quand on n'est pas juif, qu'on ne peut pas dire.

Daniel

Je ne suis pas allé à Auschwitz pour comprendre les juifs… je suis allé voir l'humain. Mais tout ça, quand on le trimballe aujourd'hui, qu'est-ce qu'on en fait ?

à l'entrée de la chambre à gaz

Toujours de fille en fille

Claire
Mon père est mort à Buchenwald. Mon frère a été à Auschwitz, puis à Dachau deux ans, il en est revenu…

Francine
… mon père est parti dans la même rafle que mon grand-père… C'est la « Vallée des veuves », comme l'appelait le Général de Gaulle.

Claire
Dans mon pays, dans les Vosges, nous avons eu 345 hommes déportés. Vous imaginez, dans un petit pays de 4000 habitants ! La génération de ma fille a été une génération sacrifiée.

Francine
Je suis née le 8 mars 1945. Mon père est rentré trois mois après ma naissance. Nous, enfants, on connaissait tous les noms des camps !

Claire
À Senones, on a tous vécu la même histoire…

Francine
Quand ils sont revenus, comment survivre, comment reconstituer une famille ?

Claire
Mon gros chagrin, c'est que ma fille en ait beaucoup plus souffert que moi. L'épouse accepte bien des choses que l'enfant ne peut pas accepter.

Stella
J'ai toujours entendu parler d'Auschwitz. Mon grand-père en parlait tout le temps. Il n'a pas été facile, il était brutal, violent.

Francine
Quand mon père est venu habiter à Grenoble, il y a treize ans, il est devenu un autre homme, ne se demandant plus constamment pourquoi il était en vie. Il demandait à maman de ne plus parler de ça, c'est lui qui la faisait taire.

Alicia
Chacune en a parlé à sa fille, mais pas par l'intermédiaire d'un homme, toujours de fille en fille. C'est comme ça que c'est arrivé à mes oreilles.

Francine
On lui a expliqué tout ça. Moi, je n'ai pas vécu cette histoire, mais je peux lui dire que j'ai souffert de ce qu'il a souffert. Je veux qu'elle le sache, qu'elle arrive à dire, elle aussi, aux autres, parce qu'elle l'aura entendu, de moi, de son arrière-grand-mère, qui a souffert à cause de l'arrière grand-père qui a vécu ça.

À la limite…

Alicia

« Il est fou, cet Hitler ! Il a fait quelque chose qui n'aurait jamais dû arriver ! » Les petites pastilles qu'ils utilisaient pour les douches… Ah, ça ! j'ai explosé, j'ai gueulé après mon arrière-grand-mère ! Elle a compris, elle a un peu rigolé – même si elle n'était pas bien, elle non plus…

Claire

Là, j'ai vu une dame qui pleurait appuyée contre une jeune femme…

Yaël

C'était moi, avec ma maman…

Claire

Oh ! Je vous demande pardon… J'ai dit : « Mon dieu, elles en ont qui sont morts là ! »

José

C'est une pièce banale, une entrée toute simple, ça ressemble un peu à un gymnase. Je m'attendais à quelque chose de plus « sophistiqué », de plus spectaculaire. On nous dit que c'est une douche, mais on ne voit pas les pommes de douche. On a démonté les tuyaux… J'ai cherché sur les murs des traces d'ongles, je n'en ai pas vu. Le four, ça a un aspect locomotive à vapeur. À la limite, un squelette calciné, reconstitué, ç'aurait été beaucoup plus parlant pour moi… à la limite…

Madeleine

J'ai touché ça, je me disais : « Je touche un four crématoire ! Là, on mettait des corps, et des gens les poussaient dedans… » J'ai eu besoin de le toucher plusieurs fois. C'était en métal, ça n'avait pas l'air rouillé, c'est entretenu, froid, dur, lourd, très lourd. J'ai regardé le mécanisme, on nous a dit que ç'avait été reconstitué. J'ai écouté les explications. En sortant… *(elle soupire)* j'avais envie de vomir.

Patricia

Le crématoire, ce n'est pas ça qui… non… J'ai dû me dire : « Bon, ça va, ils étaient déjà morts… ouf, ne t'inquiète plus… »

Sophie

Mon vieux me parle toujours. Il ne s'arrête pas. Il me dit : « Alors, ça n'a pas existé ? » Je veux qu'il se taise. Je sors.

José

Peut-on approcher la réalité ? On peut toujours l'approcher, comme du zéro absolu, mais on ne l'atteint jamais. Je ne pourrai jamais… c'est heureux… je ne serai pas à leur place, on peut l'espérer…

C'est dur et c'est réel

Renée

J'ai parlé à mon petit-fils, dès ses cinq ans, parce qu'il me posait des questions. Je lui racontais : « Grand-mère a été prisonnière, et des fois on avait faim, on faisait des repas pour rire… Comme avec toi, quand c'est l'heure du goûter, on s'invitait… » et son imagination galopait. La déportation passait comme une aventure.

Alicia

Là, on voit vraiment, autrement que dans les films, dans les livres. Ce qu'on appelle la vie, c'est dur et c'est réel.

Sophie

Mon déporté dit qu'il travaillait à la rampe. Il dit que les femmes et les enfants étaient systématiquement tués. Puis ils ont sélectionné aussi les femmes pour travailler, sauf celles avec enfants. Il dit qu'il prenait les enfants des femmes, il leur arrachait pour les mettre dans les bras d'une plus vieille. Une femme qu'il a « sauvée » en lui arrachant son enfant l'a reconnu et lui a dit : « Je vous reconnais, c'est vous qui avez tué mon enfant. » Je pleure dedans.

Alicia

J'avais emporté une photo de mon arrière-grand-père avec moi. J'ai pris une bougie, que j'ai posée avec la photo à côté du Mur des Fusillés, pour que cette image de moi posant cette photo m'aide à ne pas oublier – même si je savais que je n'oublierais jamais.

Hélène

… Cette petite vitrine avec des petits chaussons d'enfants… là j'ai craqué, je n'ai pas pu… Imaginer tous ces enfants… Nous, on a habité rue Vieille-du-Temple, au 64. Vous rentrez sous une porte cochère, et à l'intérieur il y a une grande cour pavée, des petits logements tout autour, pour des gens pauvres. Au moins trois cents familles habitaient là, chacune avec plein d'enfants. Dans la cour il y avait un bruit… des enfants qui jouaient. Chaque fois que je retourne dans ce quartier – tout est resté tel quel – j'entends les cris des enfants, et aujourd'hui encore, j'ai des cauchemars, je me réveille la nuit, souvent, très souvent…

Combien de temps faut-il pour tuer un homme...

Daniel

Ils ont essayé plein de trucs avant! quand on t'explique ça, ça te tue!... *(il souffle)* Je me rappelle, à ce moment je touche le mur. Un mec tout seul, un petit gabarit, a une bouffée... je vois comment on sort, comment on se recroqueville. On morfle.

Hélène

J'avais le cœur comme un morceau de plomb qui tombe.

José

J'aurais été content de voir à cet endroit-là un petit film de démonstration. Comment c'était? où étaient les mecs? où est-ce qu'ils balançaient les boîtes, par quels trous? est-ce qu'il y avait trois ou quatre cents personnes à la fois? combien de temps ça durait? y a-t-il eu des nazis gazés parce qu'ils mettaient mal leur masque? comment ça se passait pour eux? est-ce que les autres déportés voyaient ça? combien de temps faut-il pour tuer un homme quand il respire des gaz? C'est morbide, hein... Est-ce qu'on travaillait le dimanche?

Alain

Quand j'ai vu les petits grains bleus de zyklon dans la vitrine à l'entrée d'Auschwitz 2 – il y a une petite salle d'exposition – j'ai trouvé ces petits grains très beaux, il y en avait une dizaine dans une assiette, comme des morceaux de nacre qui auraient été bercés par l'océan...

José

En fait, j'avais eu connaissance de ce gaz en mai 1968, où la rage est apparue en France. La politique antirabique de l'époque, c'était de gazer au Zyklon B les terriers des renards enragés. Je ne sais pas si la firme a continué à en fabriquer ou si c'était des restants non utilisés en 1945... À l'époque, les associations de déportés s'en sont émues et on a utilisé ensuite un autre gaz, la chloropicrine. Le Zyklon B a donc aussi gazé les renards! D'habitude, c'est l'inverse, on essaie d'abord les produits sur les animaux avant de les essayer sur l'homme.

Club Méditerranée de la mort

Francine

On a vu ce qu'on devait voir : comment on arrive à Auschwitz, comment on devient rien du tout, comment on nous enlève notre valise, notre brosse à dents, nos vêtements, ce qu'on fait de nos cheveux...

Jean-Michel L.

À la sortie du wagon, déjà... Ces gens-là, leurs chaussures, au bout de dix minutes ils ne les avaient plus !

Madeleine

... La vitrine des ustensiles de ménage, des « boîtes à pipi », tous ces objets de la vie courante... Ils avaient pris leur pot de chambre avec eux ! Les gens, quand ils sont partis de chez eux, ont cru qu'ils allaient vivre !

Samuel, *en regardant la photo*

Sur les valises, il y avait des noms. J'en cherchais un, le nôtre.

José

Tout est prévu... c'est le côté « Club Méditerranée de la mort ». Les personnes arrivent, les valises à gauche, les chaussures à droite, les peignes au milieu, il y a un côté « industriel », rationnel, un peu comme des animaux à l'abattoir. Je me suis occupé d'abattoirs : quand on rentre, c'est pareil ! L'animal arrive – on ne peut pas abattre un animal qui vient d'arriver par camion, sinon la viande n'est pas bonne ; donc on le fait reposer dans un coin pendant vingt-quatre heures... Après, hop ! on le rentre dans la chaîne, on l'assomme – sauf certaines bêtes abattues selon l'abattage rituel, que ce soient les musulmans ou les juifs. Il est donc abattu – enfin, à cette époque-là c'était comme ça – avec un palan on l'attache, on le lève par une patte au plafond, puis des employés d'abattoirs lui fendent la gorge. L'animal est saigné, éviscéré. Chaque séquence est organisée : le sang est récupéré dans tel endroit, les viscères vont partir dans tel circuit de récupération et de fabrication, la viande dans l'atelier de découpe, la peau de ce côté-là... la douche, c'est à tel moment... tout est organisé... à la fin, les carcasses partent dans un coin, la peau dans un autre, les déchets... puis il y a les tampons... c'est contrôlé. Eh bien, Auschwitz, c'est pareil : il y a un circuit. Suivez la flèche !

Sophie

Un monsieur aux yeux bleus et rouges a failli faire une syncope. Il a dit : « C'est pas vrai ! » Il a tourné trois fois sur lui-même, comme s'il était perdu, comme s'il cherchait la sortie. Et toujours ses yeux se portaient sur la montagne de cheveux. Il a mis sa main à la bouche, il vacillait. Notre guide s'est approché de la vitrine, il a parlé, il a montré le tissu fait avec les cheveux. Je venais de remarquer que le guide, lui aussi, était mort d'émotion. Quand je lui ai demandé si ces visites n'étaient pas trop dures pour lui, il n'a pas répondu.

Yannick

Quelque chose… je n'ai pas pu rester devant plus de deux secondes… c'est la vitrine où on voyait des… *(dans un murmure)* des cheveux…
— *Vous ne saviez pas qu'il y avait ça ?*
— Si, je le savais, mais je ne réalisais pas.

Maurice

Les Soviétiques en ont retrouvé des tonnes dans une des baraques, encore enveloppés, prêts à partir à l'usine. La plupart étaient dans ces sacs en papier que vous avez vus… Cette masse de cheveux, en 1950, je les ai vus blonds, bruns, roux, mélangés avec toutes les couleurs ! Et récemment, je les ai vus gris… Là, j'ai eu un choc. Ces cheveux, ils ont vieilli, comme ils auraient vieilli sur la tête des femmes qui auraient vécu ! Ils ont vieilli séparément, et ils accusent par leur couleur…

José

On ne voit rien, on imagine… la vitrine des prothèses… le combattant juif de 14-18, qui s'est fait couper une jambe à Verdun, médaillé… félicité par Pétain, éventuellement décoré par lui… et il aboutit là. J'essaie de penser… derrière chaque peigne qu'on voit, chaque paire de lunettes, il y a une histoire individuelle…

Daniel

Je regarde ces vitrines. Je suis plus préoccupé de l'organisation esthétique des choses, en plan incliné… ils ont mis les valises pour qu'on voie les noms, les matricules… C'est un musée : c'est déjà un tri, une compilation, une organisation « post ». Je trouve que c'est « plutôt bien fait ». Alors ça m'intéresse moins. À un moment, il y a une petite vitrine avec les vêtements d'enfants. Une dame a dit : « Il se peut qu'il y ait les affaires de Michel… » *(il souffle)* Là, je sens que je ne peux plus avancer… J'aurais eu envie d'aller lui faire une bise…

Renée

Ces vitrines mortes, pour nous elles sont vivantes. Une vitrine avec un mannequin assis sur un tabouret, et un autre qui coupe les cheveux, c'est ça qu'il faut montrer. On voit des gamelles, natures mortes ! Mais un déporté qui porte une gamelle en émail à ses lèvres avec dedans la soupe pour cinq personnes, ça, on ne le voit pas !

Patricia

C'est une mise en scène. Quelqu'un qui ne va qu'à Auschwitz 1 et ne voit que ces vitrines, repart chez lui et se dit : « Oh, les pauvres… » mais ce n'est pas un chamboulement ! Elles n'ont rien à voir avec toutes les allées, les blocks, l'herbe, les barbelés, l'odeur que tu respires, l'atmosphère, ce truc humide… Là, j'ai l'impression que tous ces morts sont là…

Le bruit était là, il ne s'arrêtait pas

Maurice

À l'arrivée dans le camp, on était en quarantaine pour être « dressés ». J'étais avec mon frère, c'était l'été, les fenêtres étaient ouvertes, et j'entendais une musique gaie de marche militaire… Une fois, même, ils ont joué *La Madelon* ! et je disais : « Pourquoi eux vont à la fête foraine, là-bas, et nous, on nous bat ? »

Francine

À peine il devait s'assoupir, il entendait les cris, les hurlements de douleur de ceux qu'on fusillait. Il y avait un crochet, les déportés y étaient suspendus, mon père avait la chambre en face et il les entendait hurler. Quand il faisait ses crises de démence et qu'il criait, je pense qu'il reproduisait ce que mentalement il entendait encore…

Claire

« Tu verras, d'un côté, les fenêtres sont bouchées, de l'autre côté, c'est là où je couche, le premier block. » J'y suis allée sans l'aide de personne. Je connaissais Auschwitz !

Alicia

Je suis restée en retrait, avec mon grand-père. Il me prenait dans ses bras. Il était crispé, le visage blême… Il ne pouvait pas me dire : « C'est rien… »

Jean Michel L.

Les survivants ont laissé rentrer les visiteurs dans le block 11 (la prison) mais eux n'y allaient pas. Il y a ces fameuses cellules minuscules où on laissait les gens debout. L'un d'eux m'a dit : « J'y ai passé une journée… » Je me suis senti incapable de lui en demander plus…

Daniel

Là… *(il gronde)* Chaque truc…, boum !, poinçonne de la douleur un peu plus fort, dans un univers qui en est imprégné. Il y a des endroits *(bruit d'écrasement)*… là, le Mur des Fusillés, c'est mortel… On entendait… *(bruit de tir)* le bruit était là, il ne s'arrêtait pas…

Sûrement pas voyeur, mais…

Samuel

À ma connaissance, le seul non-juif était Daniel. Je lui ai demandé : « Qu'est-ce que tu fous là ? » Il m'a dit qu'il voulait voir. Ça me surprenait, mais après tout, on va bien visiter la statue de Jeanne d'Arc !

Marguerite

Je lui ai demandé s'il était juif – c'était une question bête, je ne vois pas pourquoi il n'y aurait que des juifs ! Mais quand il m'a répondu « Non », ça m'a fait chaud au cœur.

Jean-Pierre

Il y avait des non-juifs, c'était bien. Ils étaient bien, nos *goys (rires)*, ils étaient sympas…

Daniel

Pourquoi j'y viens ? Pour… (*grondement*) m'imbiber… Je ne sais pas si je partageais… « Enrichi » ? Ce n'est pas le mot. J'ai de la colère, je me sens citoyen conscient des choses du monde. Sûrement pas voyeur, mais me demandant si on me prenait pour un voyeur, moi qui ne suis pas juif.

Hélène

On ne va pas à Auschwitz pour une question touristique. Ce n'est pas beau à voir, c'est triste, sale, gris, laid, tout ce qu'on veut.

Jean-Michel V.

C'est un crime contre l'humanité, la mémoire de ce crime s'adresse donc à toute l'humanité.

José

Ça devrait être réservé aux juifs, ce voyage ! Il faut être juif pour parler de ça ! Le rapport que je peux avoir avec le génocide rwandais, moi qui ne le suis pas, est du même ordre que celui qu'il peut y avoir entre un non-juif et Auschwitz. On a été tués en tant que juifs. Dire que ça concerne l'humanité ? Non. Le massacre des juifs s'est fait dans l'indifférence générale. C'est comme ça. Chercher à en faire une publicité ne nous apporte rien, et ne peut que renforcer les sentiments antisémites de ceux qui les ont déjà. Il y aura d'autres massacres, il y aura d'autres assassins, je ne m'inquiète pas pour ça.

Si t'es pas juif, tu te la coinces !

Madeleine
Pendant le *kaddish* (la prière des morts), je me suis sentie très « non-juive ». C'était à eux, et si t'es pas juif, tu te la coinces ! Je me suis dit : « Ça ne m'appartient pas, qu'est-ce que je fais là ? du voyeurisme ? » Il y avait là le rite, je n'étais pas initiée.
— *Et s'il y avait eu ce recueillement sans* kaddish *?*
— Là, j'aurais été une part de l'humanité. J'ai pensé que la religion divise.

Simon
Un silence pesant… le silence des nôtres… et le silence des « autres »… Avec sympathie, oui, mais seulement de la sympathie. Eux, ce sont simplement des visiteurs. Moi, il n'y a pas un jour où je ne vis pas cet événement, cet événement précis qu'on vient voir…

Jean-Michel L.
J'étais bien là. Non loin, trois hommes, un grand-père, un père et un fils… Le grand-père et le père ont fait le *kaddish*, le fils ne l'a pas fait. Du coup, je ne me sentais pas exclu.

Simon
J'ai constaté, déçu et surpris, que « les nôtres » n'étaient pas forcément interpellés par le *kaddish*…

José
Le recueillement, on le ressent à l'intérieur de soi-même.

Jean-Michel V.
J'ai posé une bougie au Mur des Fusillés, puis au Mémorial et devant le lac… des stations à travers ce chemin, ce tunnel de la mort, pour saisir la mémoire, dans le silence. C'était ma manière de rendre un hommage, laïc.

Maurice, *en regardant la photo*
… Mais les juifs, c'est à Birkenau qu'ils étaient tués ! C'étaient les patriotes polonais, principalement, qui étaient fusillés à cet endroit. Alors, tous ces juifs avec les kippas qui se recueillent devant le Mur des Polonais, je ne veux pas dire que ça fait sourire, mais s'ils savaient… Ce serait cependant une très bonne chose que des juifs rendent hommage aux patriotes polonais qui ont lutté contre le nazisme !

devant le Mur des Fusillés

À fleur de peau

Sophie

En groupe, les gens sont vite cons. Dans mon groupe, une femme parlait avec haine et mépris. Ses mots étaient tranchants, sa violence, à fleur de peau. Elle disait qu'elle voulait que tous les Allemands soient traînés à Auschwitz par la peau du cul, et qu'ils soient traités comme les déportés l'avaient été. Elle maudissait les descendants et voulait tuer tout le monde. J'avais honte pour elle, pour nous qui étions avec elle.

Samuel

C'est génétique ! Ils ont fait la guerre en 1870, en 1914, et ils ont recommencé en 1940, ce sont des guerriers ! Ma fille avait un correspondant allemand. Je me rappelle lui avoir dit : « S'il vient, je ne t'empêche pas, mais je te préviens, je ne serai pas là ! » Pour moi, c'est physique.

Maurice

Lors d'une rencontre franco-allemande entre jeunes et anciens déportés, à une jeune fille qui parlait de son sentiment de culpabilité, je répondais : « Mais enfin, tu n'y es pour rien, ce n'est pas normal que tu te sentes l'obligation d'expier ce que d'autres ont fait ! » Elle m'a dit : « Vous n'avez pas eu un grand-père SS… » Innocents, ils se sentent coupables par héritage !

Hélène

Depuis que la guerre est finie, je me suis dit que jamais, jamais, je ne mettrais les pieds ni en Autriche, ni en Allemagne. Je n'oublie pas, je ne pardonne pas. Mais cette haine que j'avais, ça me bouffait, ça me faisait du mal. Au retour, comme un serpent qui mue, j'ai laissé ma haine. Et ça fait un bien fou !

Maurice

Les négationnistes allemands organisent des voyages à Auschwitz avec des jeunes fascistes allemands pour leur raconter la propagande que font les juifs ! Je ne sais pas comment on l'a appris, quelqu'un a dû surprendre des conversations. Je n'aurais jamais pensé que c'était possible ! Le musée fait ce qu'il peut, mais…

Vous avez réussi, vous, à parler ?

Patricia

Avec la rescapée, on se prenait le bras.

— *Tu as compris pourquoi elle revenait ?*

— Oui, pour exorciser, pour témoigner – peut-être comme moi qui suis venue à cet interview en me disant qu'il était important de parler avec vous… même si je trouve déjà que c'est trahir que de parler. Tu imagines alors pour les déportés ! Il ne faut pas se demander pourquoi ils ne peuvent pas parler, je comprends très bien ça… même si j'aurais peut-être préféré que papa parle… Moi, je reviens, on me demande : « Alors, c'est comment ? » Qu'est-ce que je vais dire ? Vous avez réussi, vous, à parler ?

José

Très peu, j'ai très peu parlé… ce n'était pas le moment, c'était trop tôt. Aujourd'hui, on parle ensemble, mais c'est six mois après !

— *Vous n'en avez jamais reparlé avant aujourd'hui ?*

— Non, ça n'intéresse personne.

Renée

Quand j'ai eu vingt et un ans, j'ai eu droit à une carte d'identité française. J'ai été à la préfecture de police. Là, on m'a demandé : « Signe particulier ? » J'ai dit : « Mon matricule. » Les deux inspecteurs étaient sidérés. Ils m'ont dit : « Mais, mademoiselle, la guerre est finie… » J'ai dit : « Elle est finie pour vous, pas pour moi. »

Jean-Michel L.

Je ne cesse pas sur ce sujet. Quelquefois, je me dis qu'il faudrait savoir parler d'autre chose, mais en même temps… j'entends ceux qui disent : « C'est trop, on en parle trop ! » Mais non, on n'en parlera jamais trop. Parce qu'on ne fait jamais qu'approcher ce qui peut être dit, et qu'il faut encore parler pour préciser.

Renée

Ma sœur et moi, nous avons été séparées après Auschwitz. Elle a été à Bergen-Belsen. On s'est quittées au mois d'octobre 1944, on s'est retrouvées en juin 1945 et je n'ai jamais su quelle a été sa vie à Bergen-Belsen. Elle n'en a jamais dit un mot : « Je préfère ne pas en parler. Je crierais ma haine… »

T'es "mischigue", arrête avec ça !

Patricia

Je vois un petit monsieur, la soixantaine, avec un petit sac de sport, et je sens qu'il essaie d'attraper mon regard. Je lui fais un signe de la tête. Il me dit : « C'est dur, hein ? Vous voulez du café ? » Ma première réaction, c'est de lui envoyer un « non merci ». Il rajoute : « Vous êtes sûre ? » Je me rapproche. Il poursuit : « Vous savez, il est bon ! » Je le laisse me donner du café et je dis : « Vous avez raison, il est bon, le café… » Je lui demande : « Vous l'avez fait ce matin ? » Il ne me répond pas, puis me lance : « Je suis venu parce que mon père a été déporté là, j'étais tout petit, j'étais caché… » C'est alors que je vois ce petit monsieur fondre en larmes comme un gamin… comme un gamin ! Alors j'ai voulu… j'aurais aimé… parler, moi aussi, sans doute… Je lui ai juste glissé, quand il a eu fini : « Mon père aussi était là… » Il m'a fait : « Ah… » puis il est reparti. Bon, après, j'ai tourné les talons.

J'ai l'impression d'être… née à Auschwitz. Je crois qu'il n'y a pas une cellule de mon corps qui ne soit pas pétrie de ça !… Mmm… Et ça ne me ferait pas la même chose avec Dachau ou Buchenwald. Là-bas, j'avais envie d'être « morte »… J'avais envie… comment dire ça, bon sang ?… que ça me fasse mal… et de rester toute seule, dehors, au moment où c'était désert. Je ne voulais plus voir personne. Il y avait des espaces avec de l'herbe, entre les blocks. J'ai été là. J'aurais voulu revenir le lendemain, rester – non, j'aurais eu trop peur, mais… je serais bien restée encore tard la nuit…

Je pense qu'il faut vraiment que j'aille au bout pour en finir – et en même temps je me dis : « Qu'as-tu besoin d'aller fouiller là-dedans ? Ma pauvre, t'es folle, t'es "mischigue" (« folle » en yiddish), arrête avec ça ! » Mais j'ai une espèce de fascination-répulsion.

Quand il raclait ses gamelles

Francine

La vie de ma mère a été une vie de souffrances. Elle faisait tout pour minimiser, pour essayer de déculpabiliser mon père… Elle devait aussi m'épargner, et moi, c'est elle que je devais épargner. On était tous obligés de comprendre dans le pays. Mon père nous a dit, un jour : « Si j'ai survécu, c'est parce que j'étais méchant. »

Claire

Comment croire ce qu'ils ont vécu ? Quand mon mari est rentré, j'ai douté longtemps de la véracité de ses dires.

Francine

Ta/Tatatata/Tatatata… l'orchestre chantait ça *(au passage des déportés, à l'entrée du camp)*… j'étais petite fille, je savais ça par cœur…

Claire

… voilà ce qu'il chantait quand il perdait les pédales…

Patricia

C'était un homme d'une grande nervosité, mais très contenue, qui n'aurait pas fait de mal à une mouche, et qui m'adorait évidemment – ils m'ont attendue dix-huit ans. Quand je raclais un peu mon pot de yaourt, il se retournait et ses maxillaires bougeaient – c'est arrivé peu de fois, c'était d'une telle violence que j'évitais de le faire – et il me disait : « Arrête ! Arrête ! » Je ne sais pas comment je l'ai su, je crois que c'est ma mère qui me l'a dit, ça lui rappelait les camps, quand il raclait ses gamelles… Ça le rendait dingue.

Francine

… Il parlait en allemand, tous les matins il me réveillait avec « *Steht auf!* » (Debout !) C'est ce qu'on leur disait là-bas… C'était l'horreur ! J'ai été une enfant terrorisée, qui devait se sauver la nuit, quand il faisait ses crises de démence. Il prenait son ceinturon, celui avec lequel il amenait les morts à Bergen-Belsen.

À Claire

— *Comment arriviez-vous à donner à votre fille de la force ?*

— En la faisant chanter ! N'importe quoi : des chansons d'amour, des chansons patriotiques. Mon mari chantait beaucoup d'opéra, il avait une voix merveilleuse, elle en a hérité.

Renée

L'imprévisibilité, ça fait partie des maladies qui nous sont reconnues.

Un tambour dans une église

Simon

Chaque fois que les chrétiens ont prié pour nous, ça a été une source de malheurs. Ma mère, quand j'étais gosse à Paris et qu'elle voyait un curé, me prenait par la main, changeait de trottoir, et faisait une prière pour conjurer le mauvais sort…

Hélène

Je n'ai pas vu la croix. Mais j'ai entendu – c'est une rumeur – qu'ils voulaient installer une boîte de nuit à Birkenau… Si on allait mettre un tambour dans une église, qu'est-ce qu'ils diraient ?

Maurice

Pour ma part, j'accepte qu'il y ait des croix, à condition que ce ne soit pas trop ostentatoire ni agressif. La croix du Carmel dépasse d'un mur, après le block 11. Ils l'ont faite exprès très grande pour qu'on la voie ! Il aurait suffi qu'elle soit là. C'est la « guéguerre », les juifs ne veulent rien du tout, chacun se braque…

Jean-Michel L.

Maximilien Kolbe est mort en prenant la place d'un condamné dans une cellule, où on laissait les gens mourir de faim. Ce n'est pas la place d'un juif qu'il a prise, mais celle d'un Polonais. Les Polonais l'ont sanctifié. Des rescapés trouvent ça scandaleux et ne veulent pas entrer dans cette pièce.

Maurice

Dans la cellule de Kolbe, un cierge brûle, ils en font presque une chapelle de leur saint ! L'Église catholique a organisé un culte à l'échelle européenne pour Kolbe. Mais dans cette même cellule, il y a aussi eu tellement de juifs ! Pour les Polonais, c'est un haut lieu patriotique, comme le Mont-Valérien. Il y a pourtant eu des centaines de camps, d'exécutions de villages, de massacres… Après les juifs, c'étaient les Polonais que les nazis méprisaient le plus, on les appelait « les juifs de demain » !

cérémonie pour le soixantième anniversaire
de la mort de Maximilien Kolbe

Je préfère parler de génocide

Daniel

Autant de camps ! autant de constellations, de périphéries ! C'était planétaire, cette histoire ! Quand tu vas à Verdun, c'est épais… Je ne sais pas hiérarchiser ça. Mais quand même, je perçois Auschwitz comme le sommet de l'inhumanité. On n'avait pas encore pensé comme ça, l'idée du génocide structuré, l'idée qu'un jour, on les tue tous, l'idée de la réduction de l'humain à rien ! Ça, c'est le nœud, le cœur…

Alain

Cela me fait penser aux camps de travail soviétiques…

Jean-Michel L.

… Il faut pouvoir s'opposer violemment à cette comparaison avec le Goulag sans dénier aux victimes du Goulag leur caractère de victimes.

Maurice

On parle sans arrêt d'Holocauste, de sacrifice, dans la Torah. Ça voulait dire, en grec, « consummée complètement » à propos de la bête ; la fumée montée pour chatouiller les narines de Dieu. Mais ma famille n'a pas demandé à être brûlée en sacrifice religieux ! Je n'aime pas non plus le mot *Shoah,* qui signifie « catastrophe ». L'inconvénient d'être hébreu, c'est qu'il exclut les Tziganes et tous les autres. Je pleure les miens, dans le cadre de l'ensemble des victimes, juifs et non-juifs. Je préfère parler de génocide. C'est le seul terme neutre, reconnu par l'Onu, et acceptable par toutes les victimes.

Maintenant, oubliez-moi !

Jean-Pierre
Les rescapés ont cette qualité d'être d'en parler comme ils en parlent… Une manière extrêmement pudique, en même temps très précise, pas édulcorée, des mots simples, lapidaires.

Maurice
Quand je viens, j'ai l'impression de réciter la même chose… Ça devient un peu rituel…

Jean-Michel L.
J'écoutais un rescapé dans le bus. Çela me força à m'interroger sur la limite du rôle des survivants. Ils ont vécu, ils sont absolument légitimes dans leur souffrance, mais pas toujours pour dire l'Histoire.

Maurice
À la fin de mes témoignages, je dis souvent aux enfants : « Maintenant, oubliez-moi ! J'ai raconté mon histoire, mais il ne faut pas qu'elle vous cache la forêt des disparus, moi je suis une exception. »

Jean-Michel L.
Mais cela va disparaître. Sauf que cette histoire, je peux vous la raconter, et le fait que je ne sois pas un survivant ne change rien…

Maurice
Je le vois bien dans les regards des gens : je suis le dépositaire de la vie qui est présente là, et que seul je peux traduire pour eux. Je peux animer le lieu… J'assure une continuité entre ce qui a existé là et maintenant. Sans cela, le musée n'est pas suffisant.

Alicia
L'un des rescapés, un très vieux monsieur, m'a demandé quel âge j'avais. Quand je lui ai dit que j'avais quatorze ans, il s'est étonné : « Oh ! Mais tu ne devrais pas être là ! » Ça m'a fait bizarre… Il a été impressionné, alors que c'est plutôt moi qui aurais dû l'être. Voir toutes ces personnes âgées, encore là ! C'est grand !… Ça veut dire qu'une partie de l'Histoire est encore vivante !

Maurice
Mais à mon tour de vous poser une question : les visiteurs, qu'est-ce que ça leur a apporté ? Moi, je ne le sais pas.

YVETTE LEVY

Cette photo en poster

José

J'aurais bien aimé acheter une boîte de Zyklon B – si on avait pu – et la mettre sur mon étagère.

— *Vide ?*

— Oui, quand même… Pour moi, voir une boîte de Zyklon B, c'est se remémorer… C'est aussi suggestif qu'une paire de lunettes ou un vêtement d'enfant dans une vitrine. C'est une façon de garder contact avec ça. Plus que des photos, parce que les photos sont d'aujourd'hui. Comme je regrette, dans un autre domaine, que mes parents n'aient pas gardé leur étoile jaune. À mon avis, c'est beaucoup plus parlant que tous les discours ! Mais je n'en ai jamais trouvé.

Daniel

Dans ma tête, le mec qui a dessiné quand il était au camp… *(il souffle)* qui a protégé ses dessins… *(il souffle)* Ça poignarde fort, c'est pour ça que j'en ai acheté.

José

Je veux y retourner, pour acheter des posters. Des grandes photos. C'est important pour moi. On voit par exemple dans le musée une grande photo avec deux ou trois gosses complètement faméliques. On peut la trouver dans des bouquins mais si je pouvais l'avoir en grand, j'aimerais bien la mettre chez moi… pour me cette photo en poster, je ne l'afficherais pas. sentir plus proche. En fait… même si j'avais Mes parents viennent souvent chez moi, et ça les choquerait. Je ne le ferai pas de leur vivant.

LIVRES
BÜCHER
Auschwitz
Gala

Je t'appelle d'Auschwitz, je vais à Birkenau… et je reviens !

José

On a fait des progrès depuis cinquante ans ! Moi, le petit-fils de déportés, je téléphone d'Auschwitz pour donner des nouvelles à mes parents ! J'avais d'abord téléphoné en arrivant à Cracovie pour dire : « Ça y est, l'avion est arrivé, on n'a pas été détournés, on n'a pas explosé, tout va bien… et les Polonais vont nous relâcher… »

— *Et ils étaient contents de vous entendre ?*

— Ma mère ? Toujours !

— *Même d'Auschwitz ?*

— Oui, oui. « Je t'appelle d'Auschwitz, je vais à Birkenau… et je reviens ! » C'est ça, le truc : je reviens !

Jean-Michel L.

Dans le bus, ma voisine, une dame séfarade, a commencé à me raconter des histoires, on a ri… Une façon de dire : « Nous sommes vivants ! »

Daniel

On me file une tomate… Je parle à un mec avec qui je blague un peu… Deux dames assez âgées, derrière moi, me donnent une pomme. Je crois comprendre qu'elles ne sont pas juives mais filles de Résistant.

Alicia

J'ai déjeuné au restau d'à côté. J'ai parlé de mes cours, ma grand-mère a parlé de son travail. C'était le meilleur moment qu'on ait pu passer dans ce voyage.

Francine

Pas du tout ! Pour moi, c'était du temps perdu, c'était presque indécent d'être là !

José

Manger dans la cafétéria d'Auschwitz… Pourquoi pas un supermarché… Moi qui ne jeûne pas à Kippour, je n'ai pas mangé entre le matin et le soir.

Simon

On s'était bien jurés de ne pas dépenser un sou en Pologne !

Madeleine

Dans mon sac, j'avais cette bouteille thermos *(elle nous la montre, posée sur la table devant nous)*, avec du café. Je l'ai achetée le jour avant ! Et aujourd'hui encore, chaque fois que je fais du café, je dis : « Je vais mettre le café dans la "thermos d'Auschwitz" ! »

sur le parking d'Auschwitz

Y retourner une deuxième fois

Maurice

C'est comme un cimetière, bien que ce n'en soit pas un puisqu'il n'y a rien. En 1950, j'y retournais comme sur le dernier lieu où ma famille a vécu avant d'être assassinée. Et aussi parce qu'à deux mètres, c'était le monde extérieur, la liberté. Entre elle et moi, les barbelés, une double rangée électrifiée… Je voulais être de l'autre côté, physiquement, pour me sentir vraiment libre là-bas.

Yannick

Une fois qu'on l'a vu, est-ce que ça se fait d'y retourner une deuxième fois ? *(un silence)* J'ai peur que ça fasse bizarre d'aller là-bas tous les ans, malsain… *(il soupire)* Tous les jeunes ne vont pas voir des camps de concentration ! Avant de faire la visite, j'avais discuté avec quelqu'un qui pensait qu'à moins d'avoir de la famille qui y soit restée, c'était de la curiosité malsaine d'aller voir ça.

Alain

Après le Struthof où je suis resté à l'entrée, sans le visiter, mon premier voyage a été Auschwitz, 1 et 2. Puis je suis allé à Mauthausen, en 1999. En 2000 je suis allé à Neuengamme, puis un peu plus tard, en Lituanie et en Estonie, avec l'Amicale du Convoi 73. En 2001, j'ai refait le voyage à Auschwitz. Enfin, mon dernier voyage a été Oranienburg-Sachsenhausen. Le groupe comprenait d'anciens déportés politiques, c'était intéressant d'avoir une vision militante de ce vécu de la déportation.

Jean-Michel L.

Je vais dire des choses monstrueuses… Je ne connais pas Treblinka, mais là-bas, il n'y avait que des gens qui mouraient. À Auschwitz, il y avait des gens qui travaillaient, on voit partout des signes de vie.

Yannick

J'avais huit ans. Avec ma mère, j'ai visité Oradour-sur-Glane.

— *Vous en gardez des souvenirs ?*

— Oh oui ! *(il soupire)* Comment expliquer ? Comme si on avait une envie de pleurer et qu'on n'y arrivait pas…

Daniel :

Ouais… *(un silence)* Je n'en ai pas assez pris… J'ai l'impression que… pourquoi je n'ai pas hurlé ?

Je n'ai pas vu Birkenau

Samuel
C'était le premier camp que vous appelez Auschwitz ? Je croyais que c'était le contraire. J'ai été beaucoup plus impressionné par le deuxième, celui que vous appelez Birkenau. – Vous êtes sûrs de ne pas vous tromper ?…

Hélène
Quand on est repartis pour aller visiter Birkenau, je n'ai pas pu ; on a passé quand même trois heures à Auschwitz ! J'étais anéantie, je suis restée dans le car, et j'ai attendu, c'était trop. De toute façon, qu'est-ce que j'aurais vu ? La même chose ?

À Patricia
— *Tu te rappelles de l'arrivée à Birkenau ?*
— Ah oui ! Je m'en rappellerai toute ma vie ! Dans le car, il y avait eu un moment de répit, de détente, on lâchait un peu la bride, il y avait quelques rires. Et d'un seul coup… quand le car s'est avancé vers cette image du mirador, extrêmement connue – tu sais, cette photo où on voit les rails – il y a eu un silence… Les gens qui à l'unisson retiennent leur respiration… Un silence de mort dans tout le car… Je me rappelle très précisément que je n'arrêtais pas de me dire à voix basse : « C'est pas possible… c'est pas possible… »

Madeleine
Ce jour-là, on était comme dans une bulle. Il y avait une lumière très mystique, c'était un jour qui n'avait pas d'heures – avec un tel temps, même à Paris, on est dans du coton. C'était le jour, et la lumière idéale, pour visiter Auschwitz.

Daniel
L'atmosphère de dos voûté, de regards concentrés, ça alourdit, ça percute… Cette petite masse de gens, le déplacement de la troupe, la lenteur des choses… La grisaille, la petite froidure, des yeux mouillés… des mains qui se serrent.

Marguerite
On évite de respirer ! On évite de parler, de regarder les gens, par respect. Chacun est dans son chagrin. Même avec ma fille, j'ai eu très peu de contacts. Parfois on se donnait la main.

Patricia
Là, vraiment, je ne peux rien te dire. Je n'ai pas de mots. Je ne trouve même pas. Aidez-moi…

Madeleine
… Comme si j'entendais des milliers de voix dans ma tête, des murmures… C'étaient des milliers de voix qui s'entrecoupaient. Des voix

qui parlaient sans fin. Je pourrais presque les dessiner ! Ce seraient des traits, comme ça … *(elle mime de la main des vaguelettes)* des petites oscillations qui s'entrecroisent, et qui vont toutes dans la même direction.

Patricia

Je n'arrêtais pas de claquer des dents, maladivement, je devenais vraiment l'attraction ! *(rires)* Moi qui essayais, depuis le début, d'être seule… Et je sentais que la plupart des gens avaient un truc de changé physiquement. Des femmes se mettaient un châle ; fallait pas qu'on les touche… Des types remontaient leur col ; chez d'autres, il y avait une espèce d'affaissement de la colonne vertébrale, ou au contraire, une espèce de raideur… « Je tiens bon. » Mmm…

Hélène

Je n'ai pas vu Birkenau, parce que… je ne sais pas… c'est un voyage que j'ai laissé au milieu, je ne pouvais plus continuer. C'était trop dur en une journée, de faire ce qu'on a fait.

Yannick

Je ne voulais pas le dire, mais j'ai eu froid… Je pensais que ce n'était peut-être pas tellement l'endroit pour dire qu'on a froid…

— *Certains disent qu'ils ont claqué des dents…*
— Alors j'ai dû claquer des dents aussi…

Hélène

Dans mon groupe, un homme seul d'une quarantaine d'années, très grand, mince, blond, beau – et malvoyant… Il suivait… Il avait sa famille, ou quoi ? Quelqu'un qui va, comme ça, voir…

Daniel

Je n'entends pas, je marche tout seul… je parle avec quelqu'un… je me fais le film. J'imagine le gonze qui faisait l'appel, le temps, le froid, les mecs qui tombent, qui se relèvent… On fait dix fois l'appel, il pleut, le SS est à l'abri… et je m'imagine un peu là, parmi les déportés.

Marguerite

Il faut beaucoup d'imagination. Seuls ceux qui l'ont vécu peuvent s'imaginer vraiment dans leur chair, ce que c'était.

Francine

Les miradors, il en parlait tout le temps… Ce qui l'avait le plus terrorisé, c'étaient la faim, la soif, la souffrance, le froid… la promiscuité, les poux, à quatre sur les lits dans les baraquements. Je pouvais l'imaginer, je pouvais le voir…

Madeleine

Comment c'était de vivre et de mourir là-bas ? de marcher vers la mort et de vivre tout le temps avec cette idée ? M'imaginer à gauche, à droite… Les gens qui allaient directement vers les fours crématoires… Dans la maison des femmes, ces lits, avec des couvertures pour six personnes… Il n'y a pas de mots pour parler de ça… Des odeurs, des sons, des hurlements – et du silence. À ce moment-là, il n'y avait peut-être plus de bruit, seulement la fatigue. La violence là-bas, ça reste accroché dans l'air, ça prend à la gorge ! Si on y était parachuté sans qu'on nous dise que c'est Birkenau, qu'est-ce qu'on ressentirait ? Y amener des gens qui n'en ont jamais entendu parler, et leur demander : « Qu'imaginez-vous qu'il se soit passé ici ? »

Jean-Michel V.

On sent que quelque chose d'énorme se déploie devant nous. Quelque chose qui broie, qui écrase les visiteurs.

Maurice

Dans *Nuit et Brouillard*, on évoque l'arrivée à Auschwitz, la nuit, les chiens, les hulements, les projecteurs, les coups… Nous, on est arrivés en plein jour, au mois de mai, il faisait beau – et on peut mourir de la même façon dans les chambres à gaz avec un beau soleil !

Hélène

Je n'ai fait que la moitié du voyage… Mais j'en ai assez vu, vous savez. C'est déjà pas mal, Auschwitz, hein ! J'ai dit que j'y retournerais, mais je ne sais même pas. Je ne vois pas l'intérêt… de refaire la même chose, parce que Birkenau, c'est comme Auschwitz, non ?

L'ancien siège du commandement
de Birkenau, situé face au camp,
a été donné à l'Église par
l'État communiste en 1982.
Dans le bâtiment aujourd'hui
surmonté d'une croix, ce samedi
après-midi, un mariage est célébré.

Des bouts d'os dedans

Jean-Michel L.

C'était un lieu plein, un camp de concentration. Il y avait tellement de gens qui marchaient partout qu'il n'y avait plus d'herbe ! J'ai pensé à tous les personnages que j'ai rencontrés dans les livres. Je me sentais seul avec eux et leurs phrases me revenaient.

Claire

Même en janvier l'herbe pousse, mais elle était mangée au fur et à mesure par les hommes qui mouraient de faim. Tout ce que mon mari m'avait dit me revenait en foule.

Maurice

J'avais vu passer sur le petit pont au-dessus du chemin de fer, en allant vers Birkenau, des hommes avec une faux sur l'épaule. Ils allaient faucher dans le périmètre du camp. C'étaient des déportés. Il n'y avait aucun civil sur quarante kilomètres carrés, ils avaient chassé tout le monde et détruit le village. À un autre moment, j'ai dû travailler à vider une charrette, c'était blanc. Je pensais que c'était de la chaux, mais j'ai vu des bouts d'os dedans… On nous faisait mélanger ça au fumier pour l'agriculture comme avec les ordures ou les excréments. C'était le recyclage nazi.

Jean-Michel L.

Cette herbe d'aujourd'hui, il faut arriver à se dire qu'elle n'est pas là, que tout était noir et blanc. Mais la nature revient ! J'ai toujours aimé les bouleaux, et cette idée du petit bois de bouleaux… C'est quelque chose de si joli… et qui est Birkenau !

Maurice

Quand j'y suis retourné l'été, il y avait plein de fleurs et d'herbe à Birkenau, alors que moi je n'avais vu que la boue…

Francine

C'était la mort tout autour. La mort qui régnait là, dans ce ciel, dans ces nuages, dans ces maisons, dans ces arbres dénudés… Quand je voyais l'herbe, je me demandais : « Comment pousse-t-elle là ? » C'était irréel et cruel : « On est là, et c'est grâce à eux. »

devant le camp de Birkenau

Oh, putain, Birkenau !

Sophie

Auschwitz est coiffée au poteau par Birkenau, destiné à plus de cent mille déportés. Birkenau, c'est l'enfer.

Alain

Sur la partie sud du camp, quand on va vers les chambres à gaz, il y a un grand champ, un terrain vague, au moins cinq cents mètres m de diamètre. Là… *(il ferme les yeux, un long silence)* il était prévu, en 1946, la mise en service d'un tapis roulant depuis les chambres à gaz pour alimenter un four géant, où il n'y aurait pas six corps brûlés à la fois, mais, si je me souviens bien, vingt-cinq à vingt-six corps brûlés à la demi-heure…

Jean-Pierre

Tu as l'impression que c'est sans fin… à cent quatre-vingts degrés tu ne vois que des baraquements… Mais c'est dérisoire, parce que la porte est toute petite, presque ridicule… Elle est toujours représentée en contre-plongée, ça donne une impression de grandeur, comme les châteaux hantés…

Daniel

Oh, putain, Birkenau ! On me dit, là souffle le vent, là il y avait de la neige, de la boue, là, il n'y avait rien, c'était le marécage… On descend du car, on monte dans le mirador, c'est mignonnet, c'est propret, comme une tour de guet, tu as l'impression de visiter La Rochelle. Et quand tu es là-haut, tu as la vision d'ensemble…

José

Je n'imaginais pas qu'un camp de concentration puisse être si grand ! Plusieurs terrains de football… Là, je me suis dit : « Ça, c'est un vrai camp ! » Il n'y a pas un bruit, c'est mort, rien… sauf des canards, dans une petite rivière. J'ai voulu les photographier, je suis arrivé trop tard, ils se sont envolés.

Ma toile de fond, c'est Auschwitz

Renée

C'est toujours ça que j'ai derrière moi. Ma toile de fond, c'est Auschwitz.

Maurice, *en regardant la photo*

Ce qui me gêne ici, c'est que c'est une image de la vie quotidienne. Les caméscopes, les appareils photo, on n'est pas obligé de s'en servir ! Dans les églises, on ne fume pas, on ne photographie pas quand il y a une messe, dans les enterrements on ne prend pas de photos… – peut-être je m'emporte un peu trop…

Francine

J'ai pris mon appareil photo, en me demandant : « J'en prends ? Je n'en prends pas ? » Je me disais : « La rampe est sur toutes les cartes postales, mais il faut que je la prenne. Il est arrivé là… » Je l'avais tellement entendu raconter ! et c'était vrai, tout ça… Pas seulement parce que mon père me l'avait raconté, mais parce que je l'avais vu… J'ai aussi photographié le coucher du soleil. Il était sans doute tellement perdu, au milieu d'une telle monstruosité, d'une telle immensité, que ses seuls points de repère devaient être la lune et le soleil. Quand il faisait très froid, il racontait qu'il sortait se chauffer au soleil, assis devant les baraques. J'ai aussi photographié le groupe sur la place de l'Appel, de derrière. Je pense que c'est dans ce sens que mon père voyait les gens : matricule 200.062, il était souvent à l'arrière.

Renée

Rencontrer un déporté et le photographier, comme un Indien, ça peut faire partie des souvenirs d'une vie. Certains mangent des esquimaux à Auschwitz ! j'ai du mal… Certains rient ! « C'est nerveux… » me dit-on ! D'accord, je peux comprendre, mais il faut qu'on me mette sur les rails…

Même avec un train de banlieue

Yannick

Pendant le trajet en car, on a traversé des voies. Dès que je les ai vues, j'ai compris où on était… *(il soupire)*

Jean-Michel L.

Il y a ce moment où l'on passe sur la voie de chemin de fer qui va à Birkenau. Les deux fois, ça a été pour moi une véritable entrée… C'est furtif, on est dans le bus qui passe dessus… Symboliquement, on croise le chemin de tous ceux qui sont rentrés là.

Renée

Chaque fois, quand on part en vacances, et même avec un train de banlieue, où que l'on se trouve, quelle que soit la destination… même pour un mariage ! un rail, un changement d'aiguillage, une gare, c'est Auschwitz.

Jean-Michel L.

Je me souviens d'une dame qui a vomi sur la voie. Elle avait déjà eu des haut-le-cœur à Auschwitz 1. Quand on s'est trouvés sur la rampe, je l'ai vue de nouveau prise de nausées, et vomir convulsivement.

Simon

« Et si les Alliés avaient bombardé les voies ? » Je sais qu'une voie bombardée est réparée en vingt-quatre heures. Même en détruisant les wagons et les locomotives, cela ne réglait pas le problème. Le Haut Commandement savait, mais pas les équipages. Si nous avions su, certains auraient désobéi aux ordres.

Hélène

Le soir, avant de reprendre le bus et de quitter le camp, j'ai vu les rails… et cette espère de grosse lampe, avec un halo, et le brouillard – c'était l'automne – ces rails qui finissaient… j'ai dit : « Mon dieu, c'est là qu'ils ont atterri, tous ! » Ils devaient se demander sur quelle planète ils avaient débarqué, une planète de fous, pas normaux !

Devant le camp, matin et soir

Samuel

En apercevant des voitures de Polonais sur le chemin du travail, je me suis demandé comment ils pouvaient passer là, devant le camp, matin et soir…

Maurice

J'ai entendu des Polonais dire : « Que voulez-vous ? dans notre pays, il y a des camps partout… nous, il faut qu'on vive ! »

Jean-Michel L.

« J'avais six ans, et nous, les Polonais, n'avions plus le droit d'aller à l'école ! » nous a dit une des guides qui a vécu la guerre. « Les Polonais ont été traités par les nazis comme des sous-hommes ! Ils ont détruit toutes les classes dirigeantes, les intellectuels… »

Simon

J'ai quitté la Pologne quand j'avais un an. Dans la Royal Air Force, j'ai fait une partie de mon entraînement avec des équipages polonais. En polonais, je ne sais dire que : « Je ne veux pas parler polonais ! » Par contre, c'étaient des gens d'une implication totale dans la guerre et d'un grand dévouement.

Hélène

Varsovie, c'est autre chose… J'aimerais bien voir. Mais je n'ai aucune adresse, je n'ai rien. J'aimerais bien voir la ville où je suis née. Mais c'est une idée comme ça, peut-être je ne la réaliserai jamais. Je n'ai pas tellement confiance dans les Polonais ! On dit « la Mère-Patrie », mais ça, c'est « la Marâtre-Patrie »…

Simon

J'ai acheté un plan de la ville, j'ai pu situer la maison de mon grand-père, exactement. Mais le soir, en rentrant à Paris, j'ai été content d'avoir quitté la Pologne, et tout ce qu'elle représente pour moi.

José

Quoique… Un Polonais d'aujourd'hui n'est pas responsable de ce qui s'est passé chez lui il y a cinquante ans. Je peux lui serrer la main… Si je rencontre une femme polonaise qui me plaît, je ne lui dirai pas : « Ah non, ce n'est pas possible, tes ancêtres étaient peut-être antisémites, ils ont fait des pogroms… » Mais c'est, disons, une mémoire collective.

entrée principale de Birkenau,
sous le mirador central, vue de l'intérieur

Rue Vieille-du-Temple

Alain
Sans doute les nazis conservaient-ils les photos dans l'espoir de retrouver des membres des familles qui leur avaient échappé une première fois… Ils pensaient peut-être les retrouver dix ans plus tard ?

Samuel
Il devait être 21 heures et il faisait encore jour, et puis j'ai entendu : « Samouel, Samouel ! »… Je croyais rêver, j'ai regardé par la fenêtre de la maison d'enfants où je vivais. J'ai dit : « Qu'est-ce que c'est que ce bonhomme-là ? » C'était papa ! Il nous a dit : « Vous ne reverrez plus votre mère. » C'était après la guerre. On n'a pas pleuré, pas posé de question, on n'a pas demandé où était Jacqueline, notre sœur…
Le lendemain, on s'est amusés – aujourd'hui je réalise, et ça me fait mal… – j'ai ignoré complètement mon père.

Simon
Ma mère habitait un immeuble au premier étage. J'ai appris après la guerre qu'elle avait refusé d'ouvrir à l'inspecteur de police. Il est monté sur une échelle et a cassé un carreau pour s'introduire dans l'appartement ! J'aurais dû être près de mes parents… m'impliquer vis-à-vis de ma famille, et de mes amis de la communauté juive. J'étais Résistant et j'ai d'abord fait passer mon sentiment patriotique.

Hélène
On a vécu rue Vieille-du-Temple jusqu'en 1936, ensuite rue Michel-Le-Comte, puis rue Rambuteau, jusqu'à la rafle. J'en ai réchappé. Un coup de chance : on était au 8, ils se sont arrêtés avant, au 10 ! Alors on est partis de la maison, et après, comme des vagabonds, on a été à droite, à gauche.

José
Le policier français chargé de l'arrêter a dit : « Je n'ai pas l'ordre d'arrêter les malades, je m'en vais ! » Il est revenu une semaine après. Mon grand-père avait guéri, il l'a arrêté. Ma grand-mère, elle, a échappé aux rafles. Tout simplement, on ne l'a pas arrêtée !

photos de famille de déportés
retrouvées récemment

Vous me faites gerber avec vos histoires !

Samuel

Tout le long de la visite, j'ai cherché des traces de ma mère. J'avais toujours su qu'elle avait été déportée, mais on ne se posait pas de questions, on avait perdu notre mère et c'est tout. En retrouvant il y a quatre ans la correspondance de ma mère, qu'elle a tenue entre 1942 et 1944, j'ai réalisé que j'avais eu une mère qui s'était battue pour nous cacher, pour nous sauver la vie. Elle est morte sans savoir si nous étions morts ou vivants.

Je parle toujours de ma mère, mais jamais de mes frères et sœurs déportés avec elle. Michel avait dix-huit mois, Anna, quatorze ans, Paulette, douze ans, et Jacqueline, quatre ans. Ma mère, enceinte, avait trente-cinq ans. Je n'ai pas pu obtenir d'acte de décès pour deux de mes sœurs. Je me demande toujours si elles ne sont pas encore vivantes.

Aujourd'hui, ma vie est encore gâchée, et cela ne se récupère pas, ni ne se guérit. J'ai l'impression d'être né quand les lettres ont été retrouvées. Cette histoire prend aujourd'hui pour moi des proportions énormes. J'avais douze ans à l'époque, j'aurais dû avoir conscience des choses. Ensuite, je me suis marié. Qu'est-ce que je pouvais rechercher ? J'ignorais les lettres.

— Vos enfants savaient que vous partiez à Auschwitz ?
— Oui. L'une était d'une indifférence totale. L'autre m'a claqué la porte au nez en me disant : « Vous me faites gerber avec vos histoires ! »

— Et vos petits-enfants vous posent des questions ?
— Oui, enfin… Mon fils me dit qu'il leur en parle souvent, et que je devrais leur en parler. La dernière fois qu'on a été chez lui, j'ai amené des photos, des papiers, que j'ai posés sur la table. Mais ils n'ont rien dit, et du coup moi non plus. J'attends qu'ils me questionnent. Si ça ne les intéresse pas, tant pis. Sont-ils indifférents, comme je l'ai été ?

Quelque chose de détruit

Maurice

Sur la rampe, ils ont mis un petit gravier très propre, très joli, peut-être pour éviter qu'il y ait de la boue, parce qu'il y a beaucoup de gens qui marchent. Ça me choque ! Il y a un minimum de respect à avoir pour la réalité. C'était tellement brut…

José

Avoir chez soi un caillou de Birkenau… C'est un peu comme les gens qui ont pris un bout du Mur de Berlin. Ces cailloux ont peut-être été amenés cinq minutes avant par une entreprise polonaise qui en remet régulièrement, parce qu'il y a plein d'abrutis comme moi qui en ramassent, c'est tout à fait possible ! L'essentiel, c'est de ne pas le savoir…

Marguerite

Avec mon neveu, on avait tous les deux la tête baissée et on s'est rencontrés à ce moment-là ! On cherchait une pierre à ramasser autour des ruines des chambres à gaz. Je l'ai chez moi, c'est la preuve que j'ai fait le voyage. *(elle nous montre la coupelle, posée sur la télévision)* On n'a pas été les seuls à en prendre, beaucoup de gens marchaient autour.

— Vous vouliez prendre une pierre ici, et non pas sur la voie ferrée, par exemple ?

— Non, sur la voie ferrée, ce n'étaient pas des pierres d'origine. Celle-ci a été brûlée, elle vient de quelque chose de détruit.

Jean-Pierre

Près des ruines, symboliquement aux pieds de Rose et David, mes grands-parents, sous un couple de peupliers, j'ai enterré un pin's que j'avais apporté avec *Bon anniversaire* écrit dessus. Il appartenait à maman, ça devait dater de sa jeunesse.

Renée

La mémoire de nos enfants commence seulement avec nous ! Ma fille me dit : « Tu as été touchée, mais moi aussi, et nous, on n'en parle pas ! Je n'ai jamais eu de grand-mère, or je te vois avec tes petits-enfants… » C'est vrai que mes petits-enfants, c'est toute ma vie – en dehors de la déportation.

Marguerite

Je ne pense pas qu'on puisse faire le deuil d'une mère, encore moins d'une personne qu'on n'a pas connue. Le mot « maman » ne sort que depuis les lettres.

Un pas en avant et deux pas en arrière…

José

Il y a une forêt à Birkenau. J'essayais d'imaginer des biches, à l'époque, observant ça… d'autres êtres vivants en train d'être détruits. J'ai pensé à ça… Comme si l'ordre des choses était inversé. J'imaginais la forêt sans un bruit et des gens massacrés en plein air, pas de témoins.

Jean-Pierre

Je suivais, je ne cherchais pas à me repérer. On me disait qu'on n'aurait pas le temps de tout voir, parce qu'il y en avait pour trois jours… trois jours comme ça ?! On s'en est pris plein la gueule. Vidé. Non, pas vidé. Groggy, abasourdi.

José

Chacun visitait son truc… Chaque individu avançait comme sur un tapis roulant, parce que c'était l'ordre de la visite. Ce n'est pas parce qu'on est côte à côte qu'on est ensemble. Ce qu'on peut échanger à ce moment-là, c'est banal. « T'as vu ça ? — Oui, j'ai vu ça… » « C'est terrible… » Des propos d'arrêt de bus, de café du commerce.

Jean-Michel V.

Je commençais à avoir mal à la tête : le ciel, les blocks alignés… une série mortifère, une horreur qui ne s'arrête jamais. Même si je faisais un chemin en solitaire, je voulais toujours rester en groupe, au cas où j'aurais eu un malaise. En retraversant le camp, la nuit, je craignais de tomber – j'ai une épilepsie latente. Mais j'ai pu faire le chemin et j'ai retrouvé le car.

Presque tabou

Il faisait nuit, froid, humide. Je me souviens… juste après le *kaddish*, je voulais faire pipi… J'ai été faire pipi dans les ruines ! *(rires)* Oui… près du lac…
Ça m'a fait du bien ! J'avais tellement froid… Je ne l'ai raconté à personne.
Je me doute bien que peu de gens ont fait ça ! Personne ne vous l'a raconté ?

— *Mais il y avait des toilettes dans le camp ?*
— Oui, je les avais vues, mais c'est à ce moment-là que j'ai décidé… je ne sais pas… c'était quelque chose de jubilatoire ! C'était la vie, j'avais envie de dire : « Merde, je leur fais pipi dessus ! »
Peut-être y a-t-il des gens qui font l'amour là-dedans aussi, pour dire : « C'est fini ! » La vie et les fonctions naturelles reprennent le dessus.
Dans le camp, on est vraiment confronté tout le temps au pipi caca.
C'est tout ce qui reste, et ça devient une obsession ! Personne n'en parle, bien sûr… On va dans un endroit presque sacré et tout à coup on est rappelé à ses fonctions… mais c'était presque tabou.

Au fond du seau

Daniel

Nulle part que là, tu ressens la dégradation physique… le processus d'anéantissement de l'esprit et du corps en même temps… Le baraquement, les chiottes… l'entassement, le froid… Quand tu rentrais là, tu avais trente secondes, après c'était fini pour la journée… Là, tout m'arrive… *(bruit de grondement)* J'ai l'impression d'être au fond du seau !

Renée

Vous ne pouvez pas imaginer ce que c'était quand les mouches sortaient de là… des grosses mouches qui nous piquaient… les excréments sur le sol et tout autour… vous vouliez vous retenir pour ne pas vous poser… certains glissaient et tombaient… Si on n'explique pas ça, on va simplement dire : « Oh, il n'y avait pas de cabines séparées… » On devrait faire voler des mouches, diffuser la réelle senteur, et faire entrer les gens.

Francine

Que les femmes aient pu vivre ça, ce manque d'hygiène… ce froid…

Daniel

Des trucs que j'avais pas fait l'effort d'imaginer avant… Il n'y avait pas une chaise, dans tout Auschwitz-Birkenau ! Personne ne pouvait s'asseoir dans le camp !

Sophie

L'autre cabane, celle où on dort, est équipée d'une grande cheminée. Dans ce pays où le froid est rude, où je porte plusieurs pulls, je suis rassurée, ils étaient chauffés. Pourtant le guide dit qu'il ne sait pas pourquoi ce chauffage a été construit. Choquée par cette remarque, je tends l'oreille. Jamais aucun n'a été mis en service, jamais un feu n'est venu les réchauffer. De –30° Cà +30° C en été, ils ont vécu avec leurs pyjamas, entassés dans les baraquements. Des gens ont vécu là !

José

Il y a trois niveaux pour se coucher, sur les planches. Je me suis demandé quel était le meilleur. On m'a expliqué qu'au-dessus, ce n'était pas bien parce qu'il pleuvait. Au milieu, il y avait la diarrhée de ceux qui étaient au-dessus, en dessous, il y avait la boue…

dans les latrines,
un groupe de lycéennes israéliennes

une femme de ménage
époussetant les châlits
dans l'un des blocks
de femmes de Birkenau

Comme quand on ravale Notre-Dame

Maurice

J'avais vingt ans... Le musée venait d'être créé par le gouvernement polonais, et j'étais emballé de voir que ça resterait pour l'avenir. Il se transforme progressivement, pour le meilleur et pour le pire... Et on ne peut pas le mettre sous cloche, on ne va pas faire un Disneyland avec des SS automates !

Renée

Quand j'y suis retournée en 1995, je n'ai pas retrouvé mon camp. D'abord, la plupart des baraques ont été détruites, y compris la mienne. Je regrette qu'on les ait restaurées. Pour peu qu'à l'intérieur on installe le chauffage central, on peut en faire un camp de vacances ! Je regrette aussi qu'on ait fait pousser de l'herbe. Je ne suis pas d'accord avec un Auschwitz comme ça ! J'aurais au moins souhaité qu'on ait une petite parcelle à nous.

Maurice

À la Libération, il n'y avait rien à Birkenau. Les baraques avaient disparu, brûlées par les Polonais, probablement pour se chauffer. Ces petites pancartes, aujourd'hui, c'est bien, ça aide les gens qui se perdent quand ils n'ont pas de guide. Mais ça m'a aussi gêné : vous êtes dans un musée et pas dans Birkenau ! À cela, je ne vois pas de solution.

Jean-Michel L.

Le fil de fer barbelé est changé régulièrement. D'une certaine façon, tout est faux ! Sinon, le bois serait pourri depuis longtemps. Mais ce devant quoi je suis véritablement ému, ce sont les ruines de la chambre à gaz qui, elles, ne sont pas fausses.

Maurice

C'est comme quand on ravale Notre-Dame : il y a des gens que ça choque. Mais quand on l'a construite, elle était blanche !

José

C'est le seul camp qui restera. Tous les autres auront disparu. Ce n'est peut-être pas plus mal : doit-on conserver sous cloche un endroit donné parce qu'il s'est passé tel événement dramatique cinq cents ans avant ? Dans un siècle, tout ça sera rasé. Qui protestera ? Les organisations juives, peut-être... Ça s'oubliera...

Ça faisait plus vrai

Madeleine

Ces ruines, ça faisait plus vrai, il y avait le passage du temps.

— *Si ça tombe en ruines et qu'on laisse faire le temps… ?*

— Il y aura bien d'autres horreurs dont il faudra se souvenir, dans cinquante ans ! C'est bien de se souvenir. Mais rester uniquement dans le souvenir ?

José

Là, on voit un tas de pierres complètement démolies, je n'imagine rien. On voit un truc, on ne voit rien…

Alicia

Ces ruines, ça montre la destruction d'un camp qui a été barbare. « Tiens, c'est bien fait pour toi, Hitler, on te rend la monnaie de ta pièce ! » *(elle rit)*

Jean-Michel L.

On passe à côté. Or c'est là que ça avait lieu. Je ne sais pas pourquoi il n'y a pas plus… – comment le dire sans être caricatural ? – de « mise en scène ». C'est tellement important, c'est tellement là ! Je savais qu'entre la salle de déshabillage et la chambre à gaz, ça durait quatorze minutes… Et je suis resté quatorze minutes… Mais on ne peut pas dire aux gens : « Regardez, là vous vous déshabillez, là vous rentrez… Attention, quatorze minutes… Vous êtes mort. » C'est trop violent !

Yannick

Je pensais qu'on aurait visité ça, et que j'aurais vraiment compris… Déjà vous m'avez parlé du quai de débarquement, je ne l'ai pas vu… la rampe, je suis passé à côté… Je n'étais peut-être pas dans le bon groupe…

Renée

À mon premier retour à Auschwitz, ça va peut-être vous surprendre, mais autant j'avais appréhendé avant de venir, autant sur place, le bonheur m'a envahi. Je revenais dans un lieu où j'avais vécu avec ma famille. Chaque fois que je retourne à Auschwitz, je revois des vivants ! Quand je vais là-bas, ça grouille de monde ! Auschwitz aujourd'hui, c'est un monde de silence, mais un silence qui parle. J'y entends les voix de ma mère, de ma sœur et celles de mes amies…

Alicia

Il est mort, ce camp, il n'y a plus rien, il n'y a plus de déportés, mais dans la tête de mon arrière-grand-mère, c'est la mémoire qui vit là, pas le réel.

ruines d'une des chambres à gaz,
dynamitées par les nazis avant leur fuite

Trois mois ? Ce n'est rien !

Jean-Pierre

Combien de temps s'est écoulé entre Auschwitz et Birkenau ? une heure, deux heures ? Je ne sais pas quelle heure il était quand j'ai mangé, ni même quand je suis arrivé ! Je sais qu'on s'est levés de bonne heure le matin, et qu'on est rentrés tard le soir. En dehors de ces deux moments, il s'est passé une journée entre parenthèses.

Patricia

Quelqu'un a demandé à la dame déportée qui nous accompagnait : « Mais comment faisiez-vous pour tenir chaque jour ? » Elle a levé les yeux au ciel, et elle a dit : « Chaque jour ? Mais on ne se disait pas "il faut tenir chaque jour", sinon on serait mort ! Il fallait tenir chaque heure ! » Combien de temps j'aurais tenu, moi ?

Daniel

C'est glacial… Je vois les couleurs du soir, qui vont apporter quelques touches… presque d'esthétique, la pelouse abîmée, un camaïeu de marron verdâtre, les couleurs de la baraque. Je vois l'atmosphère, la température métallisée…, ces espaces ouverts, ventés… cet espèce de magma du fond de terre…

À Maurice

— *Vous avez passé combien de temps au camp ?*

— Il y a quinze ans, un journaliste allemand m'a posé cette question, j'ai refusé de répondre : « Vous parlez, vous, du temps de l'horloge, moi du temps du vécu. Si vous me demandez ce que j'ai fait entre 1970 et 1980, je suis incapable de vous le dire. Alors que je peux vous raconter, pas minute après minute mais presque, certaines journées à Auschwitz. » Si j'avais dit à ce journaliste que j'étais resté trois mois… « Oh, trois mois ? ce n'est rien, certains sont restés trois ans ! » Mais… une journée à Auschwitz, vous pouvez vous en rappeler toute la vie ! L'atmosphère, la terreur, la densité de… soixante ans après… Et si je vivais cent ans, ce serait pareil. Je suis resté un an, dont huit mois à Auschwitz, jusqu'à l'évacuation. Puis j'ai atterri à Dachau, les derniers mois, où j'ai croupi dans un coin… Mais mon histoire, c'est à Auschwitz.

cheminées et fondations des blocks

D'une génération qui n'a pas connu l'Histoire

Yannick

Mon oncle, un jour de 1999, a eu un article dans le journal local de Saint-Brieuc disant qu'il avait écrit un livre sur le camp de Bergen-Belsen.

— *On vous avait beaucoup parlé de lui ?*

— Très peu.

— *Il a su que vous avez fait ce voyage ?*

— Non. Je voulais le voir, et puis… *(il soupire)* on m'a répondu qu'on ne le connaissait pas tellement, et que ça ne me servirait à rien de le voir… Alors j'ai dit : « Bon, ce n'est pas grave, on ne le verra pas… »

— *Vous avez raconté le voyage à votre famille ?*

— Non, je ne voulais pas en parler.

— *Ils vous ont posé des questions ?*

— Aucune.

Madeleine

La première fois que j'ai entendu parler des camps, j'avais treize ans, c'était à l'école. Il n'y avait pas de juifs dans mon village. Je savais que ça existait mais seulement par la Bible ou la littérature…

Alain

C'était pendant la Guerre d'Algérie. Une famille juive est venue habiter en face de chez nous. Nous étions souvent ensemble. Ils avaient la télévision, et nous allions la voir chez eux. C'est ainsi que j'ai connu des personnes de religion juive. Je voyais le père prier, le soir, pendant que nous jouions. Les années ont passé, ils sont allés habiter à Drancy…

Jean-Michel L.

J'ai été d'une génération qui n'a pas connu l'Histoire. On m'a raconté : un jour, des alertes, les Allemands arrivent, mon père a peur que ce soit pour l'arrêter, il va se cacher. « Finalement, ils allaient chercher les juifs de la rue d'à côté. » C'est dit, dans la famille, avec une sorte d'indifférence, « ça ne nous concernait pas ». C'est tout.

Maurice

Je tombe sur un jeune homme qui me dit : « Moi, je n'ai jamais vu de juifs, mais je ne peux pas les sentir ! » C'était à l'époque communiste, à Cracovie. « Ma grand-mère m'a dit que les juifs étaient des riches qui exploitaient les Polonais. » Il était représentatif d'une partie de la jeunesse, ça ne servait à rien de lui faire visiter tout ça, ils continuaient de répéter, de grand-mère en petit-fils…

devant les plaques commémoratives

Cette histoire de « devoir de mémoire »

Jean-Michel L.

Cette histoire de « devoir de mémoire » est une merde intégrale ! Nous avons un devoir, c'est celui d'être vivant !

Maurice

Tous les musées, tout ce qui existe sur le sujet, doit conduire à la réflexion, sans tomber dans une espèce de contemplation morose de cette période, ou dans une fascination morbide. La jeunesse ne peut pas retransmettre ça indéfiniment, ça n'a pas de sens.

À Renée

— *Mais qu'est-ce qui vous pousse ?*
— Le devoir, c'est fondamental, le « devoir de mémoire ». Recueillir le plus de témoignages de rescapés possibles, pour rendre toujours plus crédible ce que nous disons. Et puis pour lutter face à ceux qui, demain, de plus en plus nombreux, nieront ou diront : « C'est bien fait, ce qu'ils ont subi. »

Maurice

On parle de Première Guerre mondiale, de Deuxième, on tourne la page, la Troisième, on pourrait continuer comme ça… Mais la Deuxième n'a rien à voir, dans un sens, avec la Première. Sa spécificité n'est pas chronologique, elle est dans les valeurs qui en étaient l'enjeu. L'expression « crime contre l'humanité » n'existait pas avant. Si on doit créer un mot, c'est bien qu'il y a une spécificité. Dans cinq cents ans, j'ai bien peur qu'on parle encore d'Auschwitz. La civilisation, c'est tellement fragile qu'on a besoin de se rappeler d'Auschwitz pour la protéger.

Jean Michel L.

Comment faire ? Par exemple enseigner l'histoire de l'Andalousie, apprendre à connaître cette énorme richesse, commune à des tas de gens qui sont aujourd'hui dans des haines. Les jeunes ne comprennent pas, mélangent les questions du passé avec les questions actuelles, sur la Palestine et Israël, parce que les adultes les amènent à mélanger les questions de religion avec les autres questions. Alors qu'il y a tellement de fierté à connaître cette histoire qui nous est commune !

Maurice

Si ça recommençait – sous d'autres formes, bien sûr –, ça recommencerait en pire. Si les Nazis avaient eu la bombe atomique, la manipulation des gènes…

AU
NEVER AGAIN
YANN
LILLE
(FRANCE)

La noirceur, une couleur

Alicia

J'ai entendu un clapotis. Les arbres gémissaient. J'ai vu les cendres... enfin, je ne sais pas si c'était les cendres, on voyait comme des petits monticules de terre avec des herbes dessus, des herbes qui poussaient sur des cendres de morts ! Après, en marchant vers les cars, dans la nuit, et jusqu'à Paris, j'avais une trouille monstre ! Je ne lâchais pas le bras de mon grand-père. J'avais l'impression de présences tout autour de nous...

Jean-Pierre

Une énergie de mort, cet étang... Les âmes n'étaient pas loin ! En même temps, les joncs, les roseaux qui sortaient de l'étang, cela avait un côté paisible, plutôt bucolique !

Jean-Michel L.

Il y a ce moment... *(il fond en larmes)* ce moment de l'étang...

Patricia

Je ne suis pas une mystique. Mais... la noirceur, une couleur... je n'ai jamais rien vu de pareil, même l'eau, le reflet... avec les bougies... et cette encre noire... comment dire ? comme une ouverture vers l'enfer... l'impression de millions d'âmes qui flottaient, comme ça, au-dessus... un truc dément... une espèce d'horreur immatérielle. Et à côté de ça, je me disais : « Mais non, c'est le reflet des arbres, la couleur particulière de cette terre » – une terre très chargée en charbon, dans la région.

Jean-Michel V.

Je voyais des colonnes de fumée montant vers le ciel, comme si la braise était toujours là. La mort, la disparition en fumée... ces cadavres brûlés... *(au bord du sanglot),* la couleur du lac, noire. C'est une vision d'horreur. J'étais comme un témoin en 2001 qui voit ce qui s'est passé en 1942.

Maurice

Le lac fait partie du circuit de la visite, on s'arrête là, et on a l'impression que « les cendres » étaient toutes là. Mais il y en avait tellement ! Je me méfie un peu d'une certaine mise en scène. C'est vrai qu'il y a peut-être des cendres des vôtres ou des miens, dans le lac. Mais c'est vrai de partout, à Auschwitz !

José

« Est-ce qu'il y a des poissons ? est-ce qu'on peut les pêcher ? » Je me suis demandé ça. Est-ce que la vie a repris dans ce lac ?...

Et rideau !

Jean-Pierre

Delanoë a été élu ! Je l'ai appris à l'aéroport. Les portables se sont remis à sonner…

Francine

On a été embrasser beaucoup de gens, des gens qu'on ne connaissait pas.

Jean-Michel

Je me suis retrouvé dans un taxi, l'air complètement con et perdu.

Patricia

J'ai fait un bout de chemin avec la déportée. On s'est quittées comme ça… En rentrant, je suis restée sur le canapé un bon moment, à fumer. Je crois que j'ai allumé la télé…

Marguerite

Mon mari m'attendait, très angoissé ! Moi, j'étais bien. J'étais fière de moi, j'avais eu le courage d'y aller.

Sophie

À la maison, là où il fait chaud et où on peut s'asseoir, maman nous attendait. D'entrée de jeu elle a dit qu'elle ne voulait rien entendre. J'étais trop en overdose pour respecter ce souhait. J'ai vu d'abord ses yeux, d'une incroyable tristesse, puis son menton trembler comme sous l'effet d'un terrible séisme. Alors j'ai arrêté.

Jean-Michel V.

Minuit dans mon lit, j'ai dormi. C'est seulement le surlendemain que j'ai pu parler, au téléphone, à ma mère.

— *Qu'est-ce qui était important pour vous de transmettre en particuliers à votre mère ?*

— Le fait même d'y être allé. Dire que j'y suis allé.

Patricia

Le lendemain, je suis allée à mon cours de théâtre. Mon prof m'a demandé : « Alors, c'était comment ? » Je n'ai rien répondu. « Dur ?

— Oui. » et rideau ! J'ai fait la scène… C'était rangé.

Hélène :

On ne peut pas non plus se braquer là-dessus, sinon on se tire une balle dans la tête et puis c'est fini !

Francine

En apprenant que mon oncle avait été à Auschwitz, un voisin s'est étonné : « À Auschwitz ? Pour quoi faire ? Qu'est-ce qu'il y a à voir ? »

Ça ne s'arrête jamais

À Francine

— *Pour vous, ç'a été un effort de nous en parler ?*
— Oui, la crainte de trahir mon père, d'en dire trop… Des craintes, c'est tout. Je n'avais pas proposé de venir vous rencontrer ! Mais je me suis dit qu'il allait manquer un maillon de la chaîne, entre ma mère et Alicia. Je ne me sens pas redevable de quoi que ce soit dans la transmission de mémoire, ça fait partie de ma vie, j'en ai toujours parlé.

Claire

Je savais tout par cœur… Il m'a léguée un drôle d'héritage. J'ai eu la malchance, si l'on peut dire, d'avoir un mari qui parlait… J'ai vécu sa déportation, je sais comment tous ces hommes sont morts. Beaucoup de déportés se taisaient.
C'est pourquoi j'ai répondu à votre appel.

Alicia

Vous étiez là, vous aviez fait le même voyage que moi, vous avez vu, vous pouvez donc comprendre ce que je dis.

Yannick

(un silence) J'avais envie d'en parler.

Daniel

… Mais au fond de moi, il y a aussi cette question : pourquoi a-t-il fallu que j'y aille à ce point ?

Je n'avais personne dans cette histoire !
Après… pas plus que ce que je vous ai dit.

José

Ce matin, j' ai pensé : « Pourvu que je ne dise pas de trucs choquants ! » J'ai une façon de voir le monde qui peut l'être… Mais parler avec des juifs des impressions de mon voyage à Auschwitz, c'est plus important que d'aller dans une synagogue. Pour moi, être juif, c'est ça.
— *Le fait que nous soyons d'origine juive tous les deux est-il important ?*
— C'est essentiel ! Bien sûr que oui ! Évidemment !
— *Sinon, vous n'auriez pas accepté ?*
— Avec un *goy* ? Pas sûr…
— *Mais il y aura des lecteurs non-juifs.*
— Je ne les connais pas… et puis ce n'est pas sûr qu'il y en ait tant que ça…

À Hélène

— *Merci beaucoup…*
— Je vous en prie, c'est un plaisir – enfin, un plaisir, c'est vite dit…

À Patricia, *à la fin de l'entretien*

— *Ça va ?*

— Oui, oui ! très bien ! je vais très bien ! Je pourrais très bien aller danser maintenant… En plus, pour moi c'est fini… c'est fini, puisque ça ne s'arrête jamais…

Postface

Où en étions-nous restés ?

En 2003, nous nous retrouvions dépositaires des voix de nos vingt interviewés, dans le respect absolu des souffrances vécues et héritées, mais dans une liberté de regard, d'écoute et de parole, fuyant la révérence sans rechercher l'irrévérence. Pour parler de nous ou faute de savoir comment parler de nous, nous étions partis à l'écoute des autres, dans un temps où l'expression de soi n'était pas si prégnante.

Un élan nous portait, à la recherche de la juste note dans l'harmonie des mots et des fragments ; dans le même temps, nous mesurions les avancées et les reculs dans notre volonté de faire exister ce projet de livre. Henri Cartier-Bresson, sollicité, nous envoyait une lettre manuscrite et courtoise pour dire son refus de rédiger une préface ; les organisateurs d'un colloque au Conseil de l'Europe acceptaient de distribuer aux participants une plaquette préfiguratrice de notre livre ; les éditions de l'Aube nous ouvraient leur porte. Des ratures sur un manuscrit toujours en mouvement, même une fois les épreuves rendues. Une soirée de lancement enfin, au théâtre Dejazet à Paris, une veille de grève du métro…

Une exposition s'ensuivit, transportée en voiture, en train, à vélo, de l'Union des amicales d'Auschwitz à l'église d'un village du Nord en passant par un Club de la presse où fut invitée, hasard des agendas, une figure de l'extrême droite. Des rencontres-projections devant des salles pleines ou moins pleines mais toujours face à des auditeurs émus, « moi aussi j'ai fait le voyage… moi je n'ai pas pu… », le besoin de se dire et de partager. Des articles dans des hebdomadaires et de nouvelles batailles de mots dans cette écriture à quatre mains.

Du silence après tout cela, une distance.

Pour l'un des aventures photographiques, puis l'appareil rangé, vendu, renié, remplacé, la nostalgie (trop tardive) du grain argentique. Pour l'autre, des rencontres et colloques autour de la muséographie, parfois seule et parfois à deux, et des créations depuis les collines du Béarn.

Notre livre a eu dix ans, a eu quinze ans, a désormais vingt ans…

Où en sommes-nous aujourd'hui ?

« À certains égards, Yaël, j'ai l'impression de n'avoir pas bougé depuis (est-ce de la constance ou de l'immobilisme ?) : lors de nos interventions, j'évoque avec la même émotion qu'alors mon souffle coupé lorsque j'ai pris la photo du mariage et réalisé ce qui se passait là ; et les camps viennent toujours traverser mes cauchemars (il y a un mois encore je rêvais que j'étais enfermé dans une chambre à gaz).

— Toi et moi, Laurent, nous avons bel et bien vieilli de vingt ans. Je comprends aujourd'hui que ma mémoire était alors entravée et me rendait aveugle, d'autant plus avide des paroles des autres. Pas plus qu'hier je ne vois d'obscénité dans la présence de visiteurs – cela te choquait tellement – mais je comprends avec plus d'acuité le combat de chacun avec sa mémoire pour pouvoir avancer et se sentir vivant. Aujourd'hui, la soixantaine passée, je sais que ma vie tout entière a été modelée par mon histoire familiale, une histoire que j'ai à peine connue, et que j'ai en quelque sorte dû reconquérir pour me l'incorporer. Notre livre a été un jalon majeur dans ce cheminement, qui s'est poursuivi depuis.

— Ma mère m'a dit, très récemment, qu'elle avait visité Auschwitz, je n'en revenais pas. Me l'avait-elle toujours tu, ou l'avais-je oublié ? Elle me dit d'ailleurs ne plus savoir si c'était avant ou après la sortie de notre livre… L'épaisseur du temps écoulé me fascine. En 2001 on se prenait en photo sans parler encore de selfie, on avait déjà, tout juste, des téléphones portables mais pas encore de réseaux sociaux. C'était notre monde au présent mais vu d'aujourd'hui il paraît si lointain ! Quant à nos souvenirs, ils vacillent parfois. J'ai oublié ce débat dans un lycée parisien avec toi…

— … et moi le vélo et l'exposition dans une église.

— … Mais peut-on dire cela ici, au risque d'alimenter quelque délire négationniste ?

— Prendre ou donner la parole est une prise de risque. Le risque est cependant contenu quand la mémoire est corroborée par l'histoire et les historiens. Nous ne souhaitions pas faire œuvre d'historiens mais faire entendre des témoignages dans leur fragilité et leur singularité : car il me semble que c'est ainsi que les individus peuvent se frayer un accès intime et sensible à la mémoire – puis accéder à l'Histoire. À cet égard, notre livre s'offre comme une invitation et une trace de ce cheminement possible. »

Les questionnements d'ordre moral et éthique nous traversaient en l'écrivant. En 2001 déjà le sang recommençait à couler au Proche-Orient, et nous étions tiraillés devant les paroles à orchestrer face à cette photo du drapeau israélien sortant d'une chambre à gaz. Aujourd'hui, la question se pose de nouveau. Faut-il parler ici des convulsions du monde, d'Israël et de Gaza ? Nous ne nous accordons pas nécessairement sur la réponse.

« J'ai grandi en France mais je suis née en Israël. Mes parents, tous deux orphelins, ont élevé leurs enfants dans l'esprit kibbouztnik et l'amour inconditionnel de ce pays. Les questions géopolitiques à propos de la Palestine ont toujours été pour moi une interrogation. Mais depuis le 7 octobre 2023, mes repères identitaires, jusque-là toujours complexes, ont été pulvérisés. Et par rebond, parler d'Auschwitz en cette année 2024 devient encore autrement questionnant.

— Je t'écoute, Yaël, me parler de cette actualité proprement tragique: ton effroi devant les massacres en cours ou récents – Israël, Gaza, mais aussi l'Ukraine, il y a trente ans le Rwanda, liste hélas, incomplète et inachevée – qui sont autant de traumatismes collectifs, tous singuliers; pour chacun, et chacun avec ses spécificités, leurs victimes, rescapés et descendants, construisent et devront construire un rapport à cette mémoire, comme cela s'est fait pour la Shoah. La cruauté de l'Histoire qui se rejoue sans cesse, sous des formes changeantes, rend dérisoire notre entreprise, mais n'en disqualifie ni la nécessité ni la légitimité.

— Oui, c'est bien cela. Je comprends que ton rapport à Auschwitz ne passe pas par Israël. J'entends – et partage – ton inquiétude dans une époque peu ouverte à la nuance, à la complexité et au dialogue, ta crainte que cette attention aux paroles exprimées, qui nous a animés, ne soit balayée par l'ère de la réaction, du commentaire et de l'invective. »

En 2001, nous nous étions demandé que faire de ce voyage à Auschwitz, et ce livre avait été notre réponse, affirmant l'expression d'un désir de mémoire – une réponse restée confidentielle. Depuis, différentes générations d'artistes ont donné voix, corps et forme à leurs propres questionnements, faisant entendre l'enjeu de la réception et de l'appropriation par le public. Et leur légitimité ne fait plus débat, même si certaines œuvres divisent ou font réagir.

Notre livre nous semble, vingt ans plus tard, avoir suivi et tressé, tel un protocole, le fil des paroles et des regards pour transformer, de là où nous étions, un lieu de mémoire en mémorial: un lieu vivant où la mémoire se travaille, se partage, avec ce questionnement: « Et moi, qu'aurais-je fait? Et nous, qu'aurions-nous fait? Que faisons-nous? Que ferons-nous?… »

Avril 2024

À la mémoire de Claire, morte en 2022 à 99 ans, de Jean-Michel L., Maurice, Samy, Renée, également décédés,
et aux vingt ans écoulés pour nos autres interviewés.

Remerciements 2003

L'aide offerte par l'Amicale des Anciens Déportés d'Auschwitz, qui a relayé notre initiative à son début, et particulièrement Raphaël Esrail et Claudette Krynk,

l'autorisation de photographier par le musée d'Auschwitz-Birkenau et sa conservatrice, Teresa Swiebocka,

la première reconnaissance accordée par Benoît Rivero à notre travail,

les contacts décisifs généreusement partagés par Anne-Dominique Barrère,

la caution apportée par la Fondation pour la Mémoire de la Shoah et par la direction de la Mémoire, du Patrimoine et des Archives au minitère de la Défense,

l'engagement à nos côtés d'Hugues Nancy et de Jean Viard,

la confiance absolue témoignée par nos vingt interviewés, Simon, Hélène, Patricia, Jean-Pierre, Alain, Samuel, Marguerite, Jean-Michel V., Alicia, Stella, Francine, Claire, Madeleine, Sophie, Daniel, Maurice, José, Jean-Michel L., Yannick et Renée,

le soutien de nos proches – ils se reconnaîtront – pendant nos deux années de travail, la pertinence de leurs points de vue, en cours de route,

… ont permis à ce livre d'exister.

Qu'ils en soient tous remerciés.

Remerciements 2024

… À Marion Hennebert, Manon Viard, Grégory Miras, Jean-Pierre Chantrel et Jean-Pierre De Giorgio.

Pour limiter l'empreinte environnementale de leurs livres,
les éditions de l'Aube font le choix de papiers
issus de forêts durablement gérées et de sources contrôlées.

Achevé d'imprimer en septembre 2024
sur les presses de l'imprimerie Bussière
pour le compte des éditions de l'Aube
331, rue Amédée-Giniès, F-84240 La Tour-d'Aigues

Numéro d'édition : 6253
Dépôt légal : octobre 2024
Numéro d'impression : 2080396

Imprimé en France